溯源与传承

环游谈荟

张元济 等◎著　叶　新◎编

西苑出版社
XIYUAN PUBLISHING HOUSE

图书在版编目（CIP）数据

环游谈荟 / 张元济等著；叶新编 .—北京：西苑出版社，2019.9

ISBN 978-7-5151-0721-9

Ⅰ . ①环… Ⅱ . ①张… ②叶… Ⅲ . ①世界史—近代史—文集 Ⅳ . ① K142-53

中国版本图书馆 CIP 数据核字（2019）第 196550 号

环游谈荟

HUANYOU TAN HUI

出版发行：西苑出版社 XIYUAN PUBLISHING HOUSE

通讯地址：北京市朝阳区和平街 11 区 37 号楼 邮政编码：100013

电　　话：010-88636419 传真：010-84281520

印　　刷：三河市嘉科万达彩色印刷有限公司

开　　本：710mm*1000mm 1/16

字　　数：243 千字

印　　张：13.75

版　　次：2019 年 9 月第 1 版

印　　次：2019 年 9 月第 1 次印刷

书　　号：ISBN 978-7-5151-0721-9

定　　价：68.00

序

张人凤

先祖父张元济先生，清光绪十八年（1892年）进士，授翰林院庶吉士，两年后，翰林院散馆，派刑部主事。彼时，他已具有放眼世界的全球意识，对世界，对外交事务有浓厚的兴趣。又过两年，报名参加总理各国事务衙门（清政府管理外事的政府部门）章京（相当于秘书一类的文职官员）试，并以优异成绩被录取。翌年起，即于总理衙门任职，办理外交事务中的文书工作，“远游夙志，至此益坚”。戊戌维新失败，愿望未能实现，即被革职，离开官场，来到上海，开始一番全新的事业——民间的编译和出版。此后若干年内，他虽然工作性质变了，而关心世界的心态和目光并未稍减。在南洋公学主持译书院期间，出版了严复译英国亚当·斯密著《原富》（后译《国富论》），在知识界和政界引起不小的震动。他又与友人合办《外交报》，刊登有关外交的新闻报道、分析评论、文献资料等，连续发行十年，影响颇大。1903年年初，应创办人夏瑞芳邀，正式加入商务印书馆，创立编译所并担任首任编译所所长。此后，国外哲学、社会科学、文学艺术图籍，如严复社会科学名著八种、林纾译西方文学作品，蔡元培、伍光建等名家的译著，源源不断通过商务印书馆传给中国读者。待等在出版事业上作出一定贡献，取得初步成就之后，才实现了他的“远游夙志”——作一次为期10个月的“环游”，对多国的教育、出版、印刷和社会风貌进行全面考察。

年代较为久远，资料的发掘很不容易。我在参与《张元济年谱》和《张元济年谱长编》的编著工作时，深有体会。虽发现和整理出了一些，但还是明显不足，其中有两大缺憾：一是张元济先生原定为《东方杂志》撰稿，连载《环游谈荟》，仅刊登了两期，便戛然而止，这大约是因为工作过于繁忙所致。从已刊登的两期文稿看，其记述是相当详尽细致的。二是他每到一地，便有一张当地的风景明信片寄回家中，记述游历的日程和所见。这是一份时间坐标式的记录，可惜毁于20世纪60年代中期的浩劫。这两份资料的缺失，为后人所无法弥补。

叶新教授近年研究商务印书馆馆史和张元济先生的生平，颇多建树。他阅读《走向世界丛书续编》中的《环游谈荟》之后，便认为还应该有不少资料可以编入，于是就进一步收集，视野也不断拓展。除了张元济先生本人的著述、信札外，也看到了很多他人的记载。最近，当时国外报纸有关张元济先生环游行踪的报道大量发现，成了本书一大特色。这归功于叶教授刻苦钻研之功力，也归功于当代电子信息技术的发展。譬如，1910年11月18日《布法罗商报》报道中提到“他刚从欧洲抵达此间”，此一行程中的时间节点，就比原来《年谱长编》所记更为精确。又如同年11月29日《晚星报》的报道，详细记述了张元济先生参观幼儿园和学校的细节，非常生动。再比如《中西日报》的有关报道，原先只有《张参议之行踪》一文，这次叶教授又在国家图书馆发现了《张元济不以耶教为无政府》等四篇报道，这些都是我们以前所未闻见者。叶教授还花了许多精力，考证了资料中出现的人物的生平，加注说明他们的身份，例如，当时中国驻纽约总领事的姓名，原来只是从英文资料音译而来，出现错误，此次得以纠正。对文章中大量外国地名，他加注了今天通用的规范译法。这些对于读者利用这份资料，提供了许多方便。叶教授的发掘和研究成果，使张元济先生1910年环球之行的史料大大丰富，整个行程显得更为完满和充实。

专题资料集，篇幅不大，但选材精准，集中于某个特定的目标或事件。围绕这个特定目标或事件，收集当事人本人、周围相关人物的著述言论，甚至还可以包括今人的研究成果，成为一书，概括而高效，诚为历史人物研究中的一个极好的方法。在这本资料集即将付梓之时，谨书数行，以表示对叶新教授研究工作的敬意，也借此希望张元济先生生平资料不断得到发掘和丰富。

2019年3月于上海

目录 Content

Part 04

新闻报道

本人追述

环游谈荟[①]

（1911 年 2 月）

去年，余有环游地球之行，所至之国凡十数，往还仅十有半月。时日短促，而语言又不甚足用，闻见所及，至为肤末。舟车罕暇，纪录尤略。归国后，友人索观游记，愧无以应，乃取途中所杂录者，稍稍整理之。追忆所得，辄为搜补。随笔掇拾，漫无体例，亦聊以为知彼之助而已。至凡属于教育之事，则别为一编，兹不及焉。宣统三年正月，张元济。

二月初七日，自上海起程，经厦门、香港，至新嘉坡[②]，入马来海峡。沿岸行，历二埠，一司威南[③]，一槟榔屿[④]。由此入印度洋，至锡兰岛[⑤]，泊舟于可伦坡[⑥]。西行至亚丁，入红海，溯苏彝士河[⑦]。河尽处为波特塞得[⑧]，出口入地中海。越直布罗陀，入大西洋，抵伦敦，始舍舟登陆。居月余，至爱尔兰，历都伯林[⑨]及贝耳法斯德[⑩]两城，复返伦敦。至多汶，渡英伦海峡，至比

---

① 原文内共有照片 12 幅，依次为“柔佛国苏丹”“柔佛国回教礼拜堂”“钟楼图”“槟榔屿海口”“槟榔屿植物园”“印度僧人”“印度佛像”“印度瓜果”“波特塞得码头”“波特赛得街”“埃及回教礼拜堂”“赖赛朴斯铜像”。

② 新嘉坡：今译“新加坡”。

③ 司威南：即巴生港（Port Swettenham，或 Port Kelang），建于 1882 年，系马来西亚的最大港口，又称“瑞天咸港”。

④ 槟榔屿：意为槟榔之岛，位于马来西亚西北部，因盛产槟榔而得名。

⑤ 锡兰岛：斯里兰卡的旧称。

⑥ 可伦坡：今译“科伦坡”，斯里兰卡的最大城市。

⑦ 苏彝士河：今译“苏伊士运河”。

⑧ 波特塞得：即塞得港，位于苏伊士运河北端地中海岸，是埃及第二大港口。本文又作“波特赛得”。

⑨ 都伯林：今译“都柏林”，爱尔兰首都。

⑩ 贝耳法斯德：今译“贝尔法斯特”，英国北爱尔兰首府。

利时海口俄斯坦德[①]，旋往不鲁舍拉[②]。比之西南境曰耶波勒斯[③]，南境曰耶慕尔[④]，东南境曰列得[⑤]，北境曰安多厄尔比[⑥]者，皆一涉足焉。去比利时，之荷兰，居什文宁根[⑦]。所至之地，曰海牙，曰散戴姆[⑧]，曰鹿特丹，曰亚摩斯德登[⑨]。由此至德意志，首柏林，次勒不士格[⑩]，次德勒斯登[⑪]，萨克索尼亚邦[⑫]之都会也。西南行，入奥地里亚[⑬]境，至巴拉加[⑭]，其地为波希米之故都。既至维也纳，循多瑙河迤逦至匈牙利，都城曰布达佩斯。盖欧洲之游，东行至此而极矣。返维也纳，复西行，至音斯不罗各[⑮]，又入于德。至慕尼克[⑯]，巴维也拉[⑰]之都会也。西南行，至瑞士。经两城，曰苏黎世，曰卢苏尔拿[⑱]。由此入意大利，最先至者曰米兰，次曰威内萨[⑲]，次曰佛罗棱萨[⑳]，次曰罗马。折而北，至热那亚，至是而意大利之游毕矣。入法兰西，仅至巴黎。由加来斯渡海峡，归伦敦。至苏当波敦[㉑]海口，登舟，渡大西洋，至北亚美利加[㉒]，抵纽约，登岸。由是而华盛顿，而支克哥[㉓]，而萨克兰缅多[㉔]，而旧金山。复登舟，渡太

---

① 俄斯坦德：今译“奥斯坦德”，比利时西北部港口城市。

② 不鲁舍拉：今译“布鲁塞尔”，比利时首都。

③ 耶波勒斯：今译“伊普尔”。

④ 耶慕尔：今译“那慕尔”。

⑤ 列得：今译“列日”。

⑥ 安多厄尔比：今译“安特卫普”。

⑦ 什文宁根：荷兰海牙西北部的小海港。

⑧ 散戴姆：今译“赞丹”。

⑨ 亚摩斯德登：今译“阿姆斯特丹”。

⑩ 勒不士格：今译“莱比锡”。

⑪ 德勒斯登：今译“德累斯顿”，德国萨克森州首府。

⑫ 萨克索尼亚邦：今译“萨克森州”。

⑬ 奥地里亚：今译“奥地利”。

⑭ 巴拉加：今译“布拉格”，捷克共和国首都。

⑮ 音斯不罗各：今译“因斯布鲁克”，奥地利西南部城市。

⑯ 慕尼克：今译“慕尼黑”，德国巴伐利亚州首府。

⑰ 巴维也拉：今译“巴伐利亚”。

⑱ 卢苏尔拿：今译“卢塞恩”，又译“琉森”，瑞士琉森州首府。

⑲ 威内萨：今译“威尼斯”。

⑳ 佛罗棱萨：今译“佛罗伦萨”。

㉑ 苏当波敦：今译“南安普顿”，英国南部港口城市。

㉒ 北亚美利加：今译“北美洲”。

㉓ 支克哥：今译“芝加哥”。

㉔ 萨克兰缅多：今译“萨克拉门托”，美国加利福尼亚州首府。

平洋，至哈瓦连[1]岛，其都会曰和诺鲁鲁[2]，舟行南线者所必经也。既抵横滨，陆行，入东京，而奈良，而神户，复遵航路归上海。时十二月十八日也。

舟过厦门时，有下舱客一千七百二十二人，云赴新嘉坡及槟榔屿者。询以何事往，则云小贸易或作工，然多身无长物者，视其人亦蠢蠢无所知。余不能无疑，以问船长，则曰英禁贩奴，且有领事来验视，必不许也。将行时，英领事率西医及捕头登舟，逐一检视，几不以人类相待。中国官无一至者。太古洋行[3]买办邱君语余，每年正、二月最繁盛。船大者辄载数千人，小者亦数百。余询有生还者否，曰什之二三耳。余询中国官知之乎，曰从不问讯也。既抵香港，客无一登岸者。余益疑之，密询司机长究有猪仔否，曰甚难言。同行英友，愤不能平，允助余侦探。一日语余，已婉询船长，船长谓确有被掠卖者，但不能证实，本人亦绝不声诉，虽欲拯救而无由云云。船仆骆姓者，广东花县人，语余新嘉坡猪仔馆，在金镑、牛车水等街，厦门、香港等处，皆有经理人，勾引贫民，劝令出洋谋生，并为之代给川资（闻约须银钱十圆），遣伙押送，沿途守视。既至新嘉坡，入居猪仔馆，严禁出入。有招工者至，馆主与订工价。议既成，则拨所需人数与之。每人岁得工价约银钱四五十圆，然本人一无所得，尽以畀馆主。除川资及宿食费外，是一人可赢三十余圆也。猪仔受雇后，赴英官（汉名曰华民政务司）处订合同。英官询被雇者愿否，若不愿，则缴还馆主十六圆，即可自赎。然猪仔至此，安从得钱！亦惟有饮恨吞声，俯受约束而已。既订合同，雇主挈之往，或垦荒，或开矿，工作之苦，殆难言状。满一年，去留可自由。如续订雇约，则工资可为己有。然前此一年之中，不名一钱，偶有所需，必贷诸雇主，雇主辄勒展受雇期限。尤可痛者，则凡猪仔群集之处，无不有妓寮、赌场、烟馆窟穴其间。若辈庸愚，乌知自爱，身入其境，大半沉溺。耗财愈多，积债愈重，而雇主之束缚，永无了期。间有能自振拔者，似可有出于幽谷之望矣。不幸雇主不仁，又为之转售他处。呼吁无门，隐忍受命。其展转而死于沟壑者，不知凡几矣。吾闻此言，吾愈心痛。偶至下舱闲步，以不通厦门语，无从问讯。与之笔谈，则若辈识字过少，不能自达其意。且似有人在旁，禁勿与余交接者。忽于人丛中，睹一村学究，坐而观书，视之，则新旧约也。问何业，曰在华传教，有友在新嘉坡经商，招往教读。问以同舟之人，有无猪仔，以未知对。余托密为探访，并勖以拯救同胞之义，欣然应命。越二日往访，则一切诿为不知，意甚落寞。盖必押送猪仔之人，有所觉察，出而施其运动之伎俩，故至于此。余知侦探之术已穷，欲俟舟抵新嘉坡时，尾客之所之，观其

① 哈瓦连：今译“夏威夷”。

② 和诺鲁鲁：今译“火奴鲁鲁”，美国夏威夷州首府。

③ 太古洋行：近代中国著名英资商贸机构，仅次于怡和洋行，20世纪初主营航运业。

究竟。不幸途中有病毙者，舟将至时，泊口外，检疫医至，疑为有疫，谓须将下舱客送病院，一一检验。于是客尽乘小舟往棋漳山。从此别去，不复相见矣。

到新嘉坡，晤宋君木林[①]，道及此事。宋君言，昔孙铭仲任总领事时，有土人被诱至此，卖入他埠充苦工，不胜凌虐，投函乞救。孙君为之赎身者，凡十有八人云。

新嘉坡华人，除领事外，无一御长衫者。短衣散裤，辫发下垂，非中非西，别成一格。

华人街市，悉仍中国旧俗，有时循行数里并不见一洋房。目所触者，中国之器物也；耳所闻者，中国之言语也。使吾民具有自治之能力，而国家更以殖民政策辅之，彼南洋群岛，焉不为吾有者耶。

英人得新嘉坡，距今将百年矣。廛市之间，固极繁盛。而一出郊外，则深林密箐，中惟官路或铁道，可通行人，余则途径几绝。从莽中时见二三茅舍，为土人蛰居之所。察其情形，实为榛狉世界，从未经垦治者。岂英人之力，有所不及耶？抑故留余地以安土人耶？抑治理之道，固有不能求速者耶？

柔佛国苏丹

---

① 宋君木林：即宋森（1877—1952），号木林。新加坡、马来亚教育界知名人士。曾任新加坡养正学校校长，与商务印书馆交往颇多。

由市中乘汽车行十四迈尔[1]，易小汽船，渡一海峡，即为柔佛国境。新嘉坡故属柔佛，嘉庆时割让于英，划江为界。国有主，号苏丹，奉回教，称臣于英。国中政治，悉受英驻新嘉坡长官约束。今苏丹名摩哈密德亚利[2]，年三十许，曾游学于英。其母亦欧种也。

旅店临江，距渡头不远。规制崇闳，悉仿欧式。盖以馆游历之西人也。店中别有数室，号为欧罗巴巫来由[3]人会所。闻苏丹及其贵胄大臣，时来饮宴于此，冀得与白人相接，以矜其外交之能，与吾国京师所谓六国饭店者，殆复相似。

闻苏丹所居，去余旅店不过三四迈尔，则此固柔佛都城也。而烟户寥寥，土著尤少。余步行十余里，街市绝短，而为华侨占居者复十之七八。郊原之间，林木蓊郁，目力所及，无一民居。道路宽广，能行车，然皆新辟，人踪绝少。肆中所售，皆西洋及吾粤东之物，无一土产。西人语余，巫来由人秉性极惰，观此可信。

旅店后为一小山，山巅有兵房数所，亦洋房也。兵皆习洋操，约二三十人，有英军官统带。是日为苏丹即位纪念之辰，营中高悬国旗，并分张各国旗帜为饰。英军官戎服佩刀，率所部兵士二十余人，擎枪整队，鹄立营前，鸣炮二十一响，为苏丹贺，若执礼甚恭也者。揣彼苏丹之意，岂不谓吾国虽弱，亦居然有陆军，且习洋操，且有外国军官为之训练，而己俨然居元帅之尊，讵不足以自豪？而不知土地荒芜，户口减削，生聚教训之未讲，而务为此粉饰之事。外人之游其国者，且窃笑不止也。独怪苏丹固愚，而英人必故为阿顺，遣将弁为之经营，且表示其尊崇之意，非戏谑也。盖既为本国制造军火厂推广销路，而又为本国军官谋一啖饭之地，且可实行其监视之权。其用意可谓周至矣。

由旅店西行二里许，有苏丹离宫。门前亦有守兵，擎枪植立。一巫来由仆，操英语，来导余。楼上为苏丹卧室，禁人游览。余所至者，为食堂、客座及苏丹治事之室，皆在楼下。时苏丹并不居此。帘栊寂寂，空闭而已。

离宫占地绝广，纤草如茵，犁治平坦。宫旁有大殿，中为高坛。坛前设长案一，坐位十，案上陈墨瓶、铁笔等亦十分。导者语余，此苏丹及大臣会议之所也。殿前悬华文联匾甚多，皆新嘉坡华侨祝贺苏丹即位者。几案尘积，别有一种萧条景象。亦足为小朝廷之代表矣。

柔佛地处热带，植物繁夥。宫中有花园绝大，奇葩异卉，不可胜数。一

---

① 迈尔：mile（英里）的音译。一英里约等于 1.6 千米。

② 摩哈密德亚利：即柔佛国苏丹易布拉欣，1895—1959 年在位。

③ 巫来由：即当今的马来（Melayu），早期译为“巫来由”“无来由”，后来马来华人沿用“巫来由人”称马来人。

古藤枝干缭绕，倒垂至地，铁柱承之，结为一亭。密叶浓翠，以代覆瓦。构制殊巧，必出自欧人之手。去园数百武，为一回教礼拜堂。彩玻作窗，文石砌地。堂极宽广，中惟香炉二事及教师讲坛一座，余无别物。统观以上工程，所费总在百万以外。徒耗民力，务饰观听。彼不知治道如苏丹者，固无足责也。

赌税为柔佛岁入大宗。业赌者皆华侨也。市中赌场林立，杂遝喧阗，入夜尤甚。余曾观一最高等者，临江筑屋，陈设精雅，可容数百人。司事者言，新嘉坡赌禁綦严，每星期日及星期六日，华商均至此遣兴。今仅三阅月，收入之款，已三万余圆。此外尚分设两处。每月纳税于柔佛政府，凡八千五百圆云。合全境赌馆计之，税款诚属不菲。其他如烟馆、妓院、酒店，度无一不征重税。柔佛政府导吾民为不正之营业，而复朘取其脂膏，固属可恨，而吾民程度之卑劣，亦可见矣。

司威南距新嘉坡，仅一日程。入口后，沿岸皆杂树。每隔数里，于水次建小木屋一，皆欧人护视水标者。渔舟三两，往来江上。取远镜视之，皆华人也。其地产树胶极盛。既泊舟后，有小汽船拖数驳船自内港出，皆运树胶附载吾舟者。其驾舟及起运货物之事，亦皆华人任之也。

钟楼图

槟榔屿船埠正对一钟楼。前英后维多利亚[①]即位满六十年，华商醵资建此，以铭其功德者。吾国人庆祝君上之事，素极淡漠，而侨民独于旅居之国之君，倍致其亲爱之忱，岂无故欤？

槟榔屿公园，依山为址，风景天成。综余此行所见者计之，当以此为巨擘。山中草木蕃衍，分类栽莳，足供植物学家之参考，故又有植物园之称。半山瀑布倒垂，奔腾直下，喧腾如雷。下有蓄水池数处，层层承注，池底满铺细沙，漉水使洁，引入管中，分布全市，以供居民饮汲。费小利溥，其法甚善。吾国有山泉处不少，宜仿行也。

槟榔屿植物园

新嘉坡华侨多于槟榔屿营建别业，盖水土清淑，最宜居处。又与新嘉坡铁道可通，往来极便故也。祠庙尤多，纯依华制。

槟榔屿故隶暹罗[②]，为一土酋所辖，略与吾国土司相同，今其地已割于英。暹罗固失其主权，而土酋亦仅作寓公，寄人篱下矣。小屋数椽，栖迟海畔。余驱车过其门前，友人指以示余，为之欷歔不置。

① 英后维多利亚：即英国维多利亚女王（1819—1901），在位64年。

② 暹罗：泰国的旧称。

同舟荷兰人布育尔，出彼国千九百零九年统计书示余：爪哇民数，凡二百八十万余，中有华人二十六万余。欧人在彼者，仅得华人四分之一。

印度佛像

印度锡兰岛，相传为释迦涅槃之所。舟抵可伦坡，欲一睹佛之遗迹。检西人导游书，知有所谓克兰奈耶寺[①]者，往访之。驱车行六七里，至则寺门已坏，颓墙数尺，榜寺名于上。旁通小巷，零砖碎石，累累满地，荦确难行。土人夹巷而居，蓬门土壁，状颇贫窭。妇女有当门编织茶巾者，手工亦精致，客过则争出求鬻。男人亦执贝叶经相嬲不已。群童追逐，竞索钱，挥之不去。盖亦生计艰难使然也。寺前有古井一，相传释迦尝汲饮于此。寺中屋舍殊零落，僧房尤卑狭。僧人两三，披黄袈裟席地诵经。视之，梵文印本也。殿之四壁，皆绘佛生平事迹，佛像座后，则绘生前造种种因，死后受种种报，正如吾国所画地狱情景。有雕石卧像一，躯干极伟。左者立，右者坐，皆甚小，然皆不如吾华雕塑之工。座前供香花，旁设铜镫，然并不燃烛。殿后一塔，高数丈，云有佛之遗体葬其中。四周有墙，遍凿空穴。穴置一灯，垢腻堆积。灯不能燃，即燃

① 克兰奈耶寺：即克拉尼亚大佛寺，是斯里兰卡最古老的佛教寺庙之一，位于离首都科伦坡不远的克拉尼亚，相传佛陀释迦牟尼曾到访于此。

亦不明也。夫既崇奉此宗教矣，而其地又为教主灵迹之所凭，临上质旁，宜何如精严整肃，以将其诚敬之意，而印度人乃任其废败若此，其民性之颓靡不振，可以想见。对于教主且然，遑论其他。宜乎回、耶二氏，迭起代之，而其国亦亡矣。

乡间私塾，略与吾国相同。儿童杂坐，咿唔不辍，盖犹未改良者也。车行迅，意前途必更有所遇，故未令停车。然行十余里，不复见一塾。归时日暮，塾门已闭，不能入观，亦一憾事也。街市颇宽广，然不修洁。牛马杂沓，积秽尤多。道旁民舍，大半卑陋，略与吾国北方城市相似。肆中瓜果独饶，有类似吾国所谓倭瓜者，硕大无朋，随剖随鬻。土人食之，用以代饭。

自新嘉坡至槟榔屿，华民之多，远过土著，骎骎乎有喧宾夺主之势。一至可伦坡，则华侨绝迹矣。由此至欧洲列国，除外交官及留学生外，几不见同国之人。（闻英伦海口及利物浦，均有吾国水手寄居其间，然为数甚少，且来去无恒。）及由欧入美，而又与华侨相遇，虽不若南洋群岛之蕃衍，而亦俨有殖民之象。吾国侨民，何以只在南洋群岛及美洲境内，而不及于欧洲，吾于此得一公例焉。盖优等之民，与劣等之民遇，无论其土地辟否，人民众否，必能侵入而与之同居，且或攘其所固有。若有更优者至，则前此之优者，久之亦必退处于劣等之地位。此其例以见于殖民地者为尤著。故印度为法兰西所先至，而其后即全入于英。北美为西班牙、法兰西所迭占，而其后再变而为美。则以条顿人种优于腊丁[①]人种也。巫来由与红印度人，固视吾民为劣，而吾民之在南洋群岛及美洲境内者，近已渐为白人所逼。吾固可以退居于劣，而让彼以优势乎？

昔人游记，谓在印度洋面见飞鱼。余此行至琼州洋面即见之。盖吾国亦产此物也。

舟沿阿剌伯[②]境行，经热他[③]口外，然不见岸。麦加城距热他约当吾国百二十里。闻城中有小山，为回教圣地。越门七，始达其巅，非回教人不得至。回俗凡至其地顶礼者，小遗必蹲地上。某岁有白人私往探视，伪称奉回教，已入第五门矣。偶不慎，立而小遗，为教中人所窥，群起捕之，跳而幸免。其后遂无敢往者。热他为通商口岸，有外国领事驻其地，而麦加城则无外人踪迹。船长所言如此。

入红海后二日程，有达达赖斯（Dadalus）灯塔，建于海中。舟人告余，昔有船经其地，触礁沉没，船长亦遭难。其妻捐资独建此塔，以惠行旅云。

---

① 腊丁：今译“拉丁”。

② 阿剌伯：今译“阿拉伯”。本文也作“亚剌伯”。

③ 热他：今译“亚丁”，位于阿拉伯半岛西南端的著名港口城市。

红海两岸皆沙漠。将至苏彝士，亚洲海岸，有茂林一丛，其地号曰摩西井，相传摩西出埃及时，在此汲饮。今其井犹存，即在林中云。

舟抵苏彝土运河，即泊口外。依到时之先后，为入口之次第，候引水者至，始能启碇，不容稍有凌躐也。余舟先以厦门苦工病殁中途，关医来检视，谓须以解疫蒸汽，荡涤下舱，始准启行。越三小时，既毕事，乃启碇入口。

河口甚窄，天已昏暮。船头设一电灯，光可远烛三四十丈。舟行极缓。两旁设浮标，左红右绿。灯标亦然，与浮标相间。彼此相距，不逾数丈。河身狭，不容两舟并行。每数里设一站，有他舟来，则就站旁泊以待。站有执事若干人，监视舟行之速率。若违定章，即须议罚。浚河机器甚多，时已停工。夜半，过伊斯马拉①，一大市镇也，属埃及，当运河之中。披衣起视，朔风凛冽。伫望片时，但见两岸灯光闪烁而已。晨起，舟仍行运河中。见两岸皆用碎石镶砌，以防浮土倾泻。左右略有芦苇、杂树。堤外为淡水道，亦以人力为之，疏引尼罗河水，直注波特塞得，供居民食用。水道窄，沿堤种树。右堤外为运河，左堤外为铁道。有汽车自北来，云系往开罗者。乘者寥寥，车容亦甚晦黯，盖为风沙所蔽也。

运河长约吾国二百六十里，深约二十九尺，宽广不一。余舟载重九千吨，纳税一千五百镑，可谓重矣，舟自苏彝士至波特塞得，凡行十三小时。

波特塞得码头

① 伊斯马拉：今译“伊斯梅利亚”，位于埃及东北部。

将至波特塞得，有制盐场，在右岸。场地宽广，盐堆无算，视天津、河北所积，高广数倍。闻多运往印度销售者。然则印度产盐，犹不及食额矣。

苏彝士及波特塞得关医皆埃及人，登舟检视，船长以下，皆受命惟谨。埃及之不自主久矣，而检疫之事，犹能以己国之人为之。何吾中华堂堂自主之国，而船舶入口，检疫者率为白人？虽白人亦吾政府所雇，而外人之入境者，见关医无一华人，则以为吾中国之人皆不知医，其视我岂不与野蛮相若？事之可耻，孰有甚于此者耶！彼读仲景之论，习思邈之方者，果能登舟检验，与外人相周旋，固亦吾所甚愿。然试问能耶？否耶？国于今日，必不能与世界大势相违。泰西医术，已为世界所公认，吾国人亦未常不知之。二十年前已设医学堂于天津，使及早推行，则今日之能西医者，必不至仅有此数。东三省之鼠疫，固不难先事预防，即已发见，亦不难即为扑灭，何至酿为巨灾？受邻国之干涉，耗无数之资财，丧无数之生命，影响所及，贻害无穷。彼谋国者稍有天良，其尚能觍然立于民上乎？辛丑变法，京师亦踵设医学堂，然所教授者，悉旧时之医术。主持之人，俨然以医家自命，绝不审世界之大势，而惟保个人之地位。及今十年，其效安在？既往不谏，来者可追。窃愿膺教育之责者，盱衡时势，速为改图，无再狃于成见，而蹈兹覆辙也。

波特塞得为埃及海口，其街名则亚剌伯文、法文并用。盖运河初成之日，其地在法国势力范围内也。鬻于肆者，土货只有纸烟、鸵羽及极粗之绣画，其他则日本之漆器、瓷器、绣货、雕牙、羽扇，印度之织物、银器，而吾国所产，则仅有广东之小银器而已。吾国工商，全无世界思想，对于日本，能无自愧？

市中权物轻重之器，与吾国所谓天平者，毫无殊异。然只用以权所售之物，而非用以权货币也。

大风扬尘，秽气触鼻。市人推只轮小车，售面食，蝇集其上，挥之不散。沿街售冰水，手两铜钵，相击作声。何与吾京都相似也！

市中有回教礼拜堂，建筑亦闳大。余往观之，及门，门者以履垫进，着而后入。前吾至柔佛回教礼拜堂，亦先脱屦，盖回教人以圣地庄严，不欲污以泥滓也。居民至者，辄易衣盥手，而后瞻拜。或全身俯伏，或旋起旋跽，或直跽不移。对越之诚，迥出释、耶二氏之上。曩过苏彝士时，有小艇傍余舟而泊。日将落时，其舵工急步至舟尾，望东南方行拜跪礼良久。吾徐思之，盖其所对之方向为麦加也。回教入人之深，固如是夫！

余至英国邮局寄信，对门即为法国邮局。埃及半主，他人得于其国举办邮政，固无足怪。吾国各租界内，外国亦遍设邮局。吾苟欲保此完全自主之权，安可任其自由耶？英邮局信面所用者，仍为埃及邮票（法邮局如何，余未知之）。而在吾国境内，则悉用其本国邮票，是视吾国犹不如埃及也，可耻也夫！

舟既启碇，出运河口，沿堤岸行。堤长三四里，突入地中海中。堤尽处有赖赛朴斯[①]铜像，临流峙立，过其下者辄瞻望不置。盖运河之成，功在万世。赖氏艰难缔造，固宜受众人之崇拜也。

赖赛朴斯铜像

既抵英伦，舟徐徐行泰姆斯河[②]中。往来船舶，衔接而进。两岸烟囱林立，煤气障天。甫入境，已惊其工商业之盛矣。关吏登舟，随舟前进。邮卒继至，以信件分授旅客。电局所雇童子，服制服，手铅笔及电报纸，遍询客发电报否。书数字与之，即给收据取报费，转瞬已登岸发寄矣。凡人远适异国，每至一地，无不欲急得家书；而久客还乡者，去家弥近，归思弥迫，亲朋之盼望亦弥殷。际此之时，彼此得速通音问，宁非事之至快者！英国邮、电两局，乃能体贴至此，吾国人之司此事者，宜知所取法也。

---

① 赖赛朴斯：即斐迪南·雷赛布（Ferdinand Lesseps，1805—1894）。法国外交官、实业家，苏伊士运河的开凿者。后人在塞得港北侧苏伊士运河与海湾交汇处的防波堤上建立了斐迪南·雷赛布铜像，为之纪念，后倒塌，现只剩五米高的台基。

② 泰姆斯河：即流经英国伦敦的泰晤士河（River Thames）。

泊舟后，乘客尽取行李置舱面。关吏有未至者，乃坐而待之。行李非经检验，无关吏白垩花押，不得登岸出关门也。关吏检验时，词气至为温和，历举应税之物询客。若茶、若烟、若酒、若香水，客各报明有无及所携之数，未及额，亦不税也。有时亦令启箱箧复验，然稍一探视即止。盖英为自由贸易之国，故关政偏于宽大。而烟、酒、香水所以取税者，以其为奢侈之品。而吾国茶叶，则恐其侵夺印度之产，故亦不能免税也。

（未完）

（原载《东方杂志》1911 年 1、2 号）

环球归来之一夕谈[①]

（1911 年 1 月 21 日演讲）

海盐张菊生先生，名元济，上年二月间，到外国去游历。从上海动身，历览南洋各岛，即到欧洲。在英国上岸，再由英到欧洲大陆，至比利时、荷兰、德意志、奥地利亚、匈牙利、瑞士、意大利、法兰西等国，共五月有余。在欧洲游毕，然后渡大西洋而入美洲，由东而西，又阅月余。在旧金山乘舟，渡太平洋，经过日本，又在日本住半月，归至上海，适环游地球一周。张君之朋友开会而欢迎之，并公宴之于一品香[②]。记者[③]亦预会，听其演说，颇有感触，归来用笔记之，以供未游者之一读。

游历总纲

我自宣统二年二月初七日，从上海起程，经厦门，过了香港和新嘉坡等处，便进马来海峡。船沿马来半岛海岸，向西而去，途中又经过丁司活南[④]、槟榔

① 原文内共有照片 22 幅，依次为“东西两半球”“荷兰的鹿特旦”“米兰公园”“华盛顿议院”“厦门”“新嘉坡”“马来人的家庭”“锡兰岛”“锡兰人采茶叶”“亚丁埠”“波特赛得”“史泰音在新疆所得的古毡”“古时于阗国所用之木符”“伦敦桥”“比国赛会场中之喷水池”“海牙万国裁判所”“德国柏林之王宫”“布达佩斯”“瑞士山中”“马可波罗”“科仑布”“纽约的高楼”。

② 据蒋维乔《退庵日记》庚戌年十二月二十一日（1911 年 1 月 21 日）载：“晚虞含章、杜亚泉等发起晚餐会，在一品香公宴张菊翁，请其演说环游地球一周情景。凡演述三小时，所中同人及前来者共到四十余人。”“一品香”全称“一品香番菜馆”，为清末民初上海著名的西餐馆，地址在英租界四马路（即福州路），离商务印书馆不远。

③ 记者：疑即《少年杂志》时任主编孙毓修。

④ 丁司活南：疑即巴生港，《环游谈荟》一文称之为“司威南”。

屿两个埠头，入印度洋。经过锡兰岛的通商埠头可伦坡，便是亚丁。进了红海，接连又是人工开通的苏彝士运河。河的东岸还是亚洲地界，西岸就是非洲地界了。走完了运河，有一口岸，名叫波特塞得，过此便是欧洲了。进了地中海，沿着南面行去，过直布罗陀，船又进了大西洋。沿着海岸，向北直行，到了英国的都城伦敦。然后弃船上岸，住了一月有余。又到爱尔兰，至都伯林、贝尔法斯德[①]两处一游。再回伦敦，从多汶地方渡过英伦海峡，到了比利时的海口俄斯坦德，即前往不鲁舍拉一游。不鲁舍拉是比国的都城。比国的外省亦到了好几处。由比利时到荷兰，住在海边，地名叫什文宁根。所到过的地方，为他的京城海牙和什戴姆[②]、鹿特丹、亚摩斯德登三个大城。过后又向德国去，先到他的京城柏林，以后又到勒不士格、德勒斯登两处。更向东南方走，即入奥地利亚国，在巴拉加游览一过，就望他的京城维也纳去。于是顺着欧洲中央的一条大河，名叫多瑙的，到了匈牙利国的京城布达佩斯。我在欧洲东游的路程，从此而止。又从布达佩斯回转，重到维也纳，往西到音斯不罗各。又入德国境，在慕尼克游了一回。更向南行去，便是瑞士国了。瑞士国的湖光山色，欧洲所重。我到过他的苏黎世、卢苏尔拿两处。又到意大利国去，经过米兰、威内萨、佛罗棱萨三处，然后到他的京城罗马。又从罗马折向北方，只到热那亚。从此出了意大利，进了法兰西的国境。到了法国，不过在他京城巴黎住下几天，即从加来斯渡了英伦海峡，仍到伦敦。在苏当波敦海口上船，渡大西洋，到北亚美利加洲，在美国纽约上岸。他的京城华盛顿和支克哥、萨克兰缅多等处也都经过。最后到了旧金山，便在那处搭船渡太平洋，过哈瓦连岛的都城和诺鲁鲁。在太平洋走了十余日，到了日本。到东京一游，又到奈良、神户等处。仍走海路回到上海。从东半球起，绕到西半球尽头处回来，恰好走了一周，其时已是十二月十八日了。

我国出洋的苦工

我经过福建省口岸厦门的时节，见有一千多名中国的穷苦人也来搭船，说是到新嘉坡去的。上船时，英国的领事官也在码头上，查问他们是否愿往，人人齐声应道是情愿的。但据我看来，这班人既不是商，也不是工，恐怕竟是被人卖做猪仔去的。（记者按：什么叫猪仔呢？是中国人被拐到外国去，充当

① 贝尔法斯德：今译“贝尔法斯特”，《环游谈荟》一文称之为“贝耳法斯德”。

② 什戴姆：今译“赞丹”，《环游谈荟》一文称之为“散戴姆”。

极苦的苦工，不以人类相待，竟是当作个小猪看待。广东土话，称这种人为猪仔。看了这个道路，永远不得生还了。）问船主，船主不肯实说；问管机器的，他道恐怕不免，但是无法可救。后来我到舱里去亲问他们，设法挽回。他们说的，多是福建话，我又不懂。更用笔写给他们看，似乎有人在旁边监察，大约是不许他们把实情告诉的意是。我只得罢休了。

到了新嘉坡，逢见一个本国人①。他道，此等猪仔一年中也不知好多，大家见惯了，倒也不以为奇了。广东人开设猪仔馆的，多在广东。厦门、香港等处亦有他的经理人。他去诱拐人家时，把到外国去营生的事说得如何美满。乡下人谋生不易，见识也短，被他说动了心，自然一心一意跟他走了。及至到了做工地方，眼看得种种苦处，所见的远不如所闻的，心上懊悔，要想赶回来。照猪仔馆的规矩，如要半途退回，须还他盘川银十六圆。他来是一个光身，能交得出这笔钱么？只好忍气吞声，叫他做什么，就做什么了，后来总是死了完结。家中父母、妻子还盼望他寄钱转来，怎知他早做了他乡之鬼！你道可惨不可惨啊？

厦 门

① 本国人：即宋森。

新嘉坡的华侨

新嘉坡是属于英国的一个海岛，中国人在该处经商、做工的实在不少，街道上尽与本国的风俗无异。有时走了几里路，并不见一所洋房。所见的无非中国的器物，所闻的无非中国的言语。有人说南洋群岛尽是中国人的世界，我看起新嘉坡来，这话真一点不错。倘我侨民有自治的能力，再加以国家的保护，何至膏腴之地尽成了白种人的殖民地呢？

新嘉坡

柔佛国的苏丹

我从新嘉坡坐火车，又换船渡过海峡到柔佛国。柔佛向来是自主的，新嘉坡还是他的属地。当我国嘉庆时候，就被英国人占据了。他的国王号称苏丹，是马来人种，也曾在英国留学过，也算得一个极开通的人了。

苏丹的宫殿离我所住的客店不过二里多路。我到彼处一游，见他门前亦有洋操的兵，肩着洋枪，算是守护宫门的。所有他的饭室、客座和苏丹办事之室，无一不是洋式。离宫之外，有一座极大的花园。柔佛地处热带，四时皆春，加以人工的栽培，但见细草成茵，绿阴似幄。洋式的楼阁更弄影于晴光丽日之下，实在有趣。园中有大殿一所，中为高坛，前安了一张长桌，桌旁置下十把椅，道是苏丹和他大臣议事的地方了。殿上挂着华文的匾额和对联，看他的题款，尽是苏丹登位之时新嘉坡的华侨送他、贺他的。

华侨的赌兴

新嘉坡地方赌禁很严，有喜欢赌钱的都到柔佛国来。最奇怪的，赌客中别国人很少，差不多尽是中国人。市上赌场林立，昼夜不停。新嘉坡的华商闲了没事，都来趁赌。我看见一所最大的赌馆，收拾得很精致，房屋宽大，容得好几百人。听说本年三个月内，已经抽得头钱几三万多圆，每月要缴纳八千五百圆与柔佛国，以作税饷。此外，如烟馆、妓院、酒馆，遍地皆是，都系我华侨开的。自己骗自己的钱，真是可怜。

槟榔屿

从新嘉坡开船，走了一日光景，便是槟榔屿。此地亦是英国管理的，中国人在此的也不少。有一个大公园，景致极好，各种草木无所不有，故人人称他为植物园。中国人造的庙宇、祠堂，触目皆是。此等迷信的风俗，入人甚深，倘要开通他们，还得要好好的教育。

海岛上的淡水常是难得的，独槟榔屿上所饮的水，既是清洁，又是便当，我见了很羡慕。原来此岛多山，半山上飞泉下注，终年不停。就地流下之处，开个池子，把水留住了，水自一层一层的放下去，池自一层一层的留住他。池底铺着细沙，水从第一个池重重滤去，流到着末一个，自然滤得很清洁了。到了平地，然后引入管中，分布全市。我国有山的地方，山上也多有涧水。仿着这个办法，极不费事，而有益于地方不小。

可伦坡的茶叶

可伦坡是锡兰岛的埠头。在南洋群岛，处处见中国人，到了可伦坡，竟没有了。西洋人之外，只见印度人和巫来人①。锡兰向来是著名产咖啡的地方，近来改种了茶树，出数甚多。有条铁路，从产茶地方通到可伦坡。我国茶叶的卖买，很被他占去不少。

马来人的家庭

① 巫来人：即马来人，《环游谈荟》一文中作“巫来由人”。

锡兰人采茶叶

苏彝士运河

将进红海之时，经过一个埠头，名叫亚丁，本是属亚剌伯国的，现在被英国人占住，在此驻兵屯煤，扼住红海之口。过了红海，接连就是苏彝士河。河身阔狭不齐，但大段是狭的，最阔处不过三十来丈。此河虽在埃及国界内，却是归英人管理。来往船只，都要纳船钞，大约每载重一千吨，要收船钞五百磅［镑］（约合龙银五千元之数），也算贵极了。轮船走得极慢，故土人亦可在岸上跟着船走，向船客乞钱。这是非洲的黑种，光着身子，不以为耻。地当热带，文化又低，他们有生以来，并不知衣服为何物。我真到了裸壤之国了。

波特塞得

波特塞得是苏彝士河与地中海中间的口岸，名为埃及的地方，实则主权久已不属。我到岸上游行一周，墙上标的地名有英文，有法文，和我们上海的地方一般。街道污秽，沙尘蔽目，甚是不堪。海口造了一个雷赛[①]的石像。雷赛是第一个开凿苏彝士河的工程家，是个法国人。

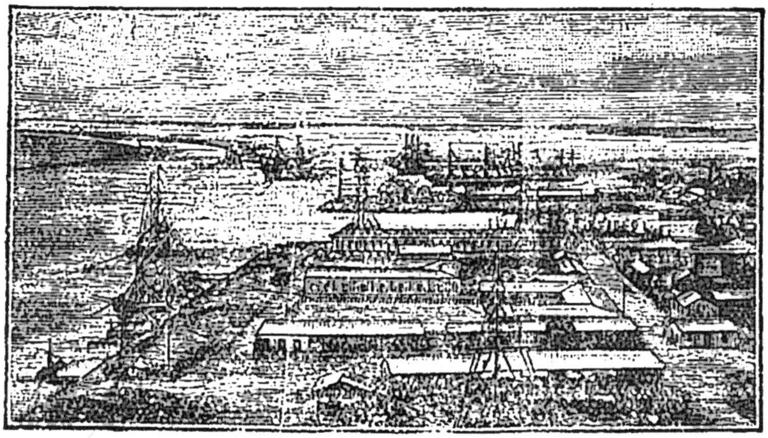

波特塞得

伦敦的中国古书

我在伦敦居住最久，可记的事也不少。最刺心的，是我们一千多年前的古书竟陈设在伦敦的博物院中。

两年以前，我们国里哄传有个法国人，在甘肃敦煌县石洞之中得了许多古书去（洞中古书还是宋朝西夏时候避难之人藏在洞中的，一向没人知道。光绪二十七年被人发现。中国人得的很少，十之八九却被外国人得了去。），没有知道被英国人得的也不少。原来法人伯希和[②]没有到敦煌以前，先有英国人

① 雷赛：即苏伊士运河的开凿者斐迪南·雷赛布，《环游谈荟》一文中作“赖赛朴斯”。

② 伯希和：即保罗·伯希和（Paul Pelliot，1878—1945）。法国著名汉学家、探险家。就学于巴黎大学，师从汉学家沙婉（1865—1918）。曾从敦煌莫高窟攫取大批敦煌文献，归藏法国国家博物馆。1911年主持法兰西学院中亚历史考古学讲座，1935年担任法国亚细亚学会主席。

名叫史泰音[1]的，在我西北诸省游历多年，略略懂些中国的言语文字，常在新疆一带游历。中国古物埋在沙中的，都被他得了。敦煌石洞里的东西是他先访着了，如今陈设在伦敦最大的博物院[2]中。我去看过，汉朝人写的木简，唐朝人写的、刻的书画，都不少。你道可贵不可贵呢？还见汉朝西域国王所盖的泥封木印，还有汉朝人用的木尺，都是史泰音在新疆得到的。

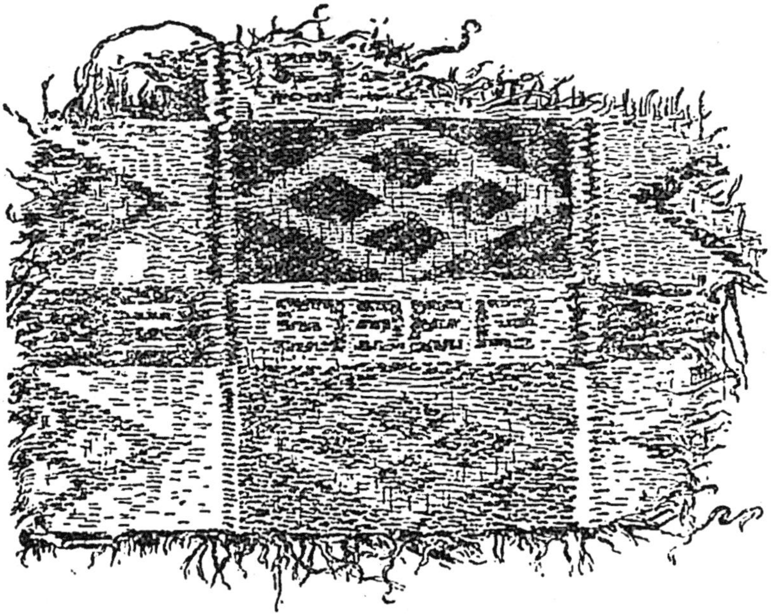

史泰音在新疆所得的古毡

① 史泰音：即马尔克·奥莱尔·斯坦因（Marc Aurel Stein，1862—1943）。原籍匈牙利，后加入英国籍。著名考古学家、艺术史家、探险家，国际敦煌学的开创者之一。1883年获德国图宾根大学哲学博士学位，并在英国伦敦大学、牛津大学、剑桥大学从事博士后研究。曾在1900—1931年间进行四次中亚考察，攫取大量敦煌文物，归藏大英博物馆。1910年在牛津大学默顿学院任教。

② 伦敦最大的博物院：即大英博物馆。

英国人忠君的心肠

我在英国的时候，刚逢英国前皇[①]病重。伦敦百姓个个愁眉不展，和自己家里有了害大病的人一样。报纸上天天都是论英皇病状的新闻。贵族中人，自然可以入宫问病，寻常人却不能，都在宫门外问询。因此，侍病的医生，每隔了几分钟便把英皇的病情写在牌上，挂在宫门前，让众人看去。这个地方人山人海，竟拥挤得了不得。国丧的第一日，穿孝的人还不甚多。三日之后，伦敦街上来来往往的，没有一个不是换了黑领带和黑衣了。

出殡的那一天，有许多欧美各国的君主亲来送葬，都是骑着马在灵柩后走。美国总统因为病着，所以坐了马车。中国专使大臣涛贝勒[②]也坐着马车去送的。英皇出殡，并无别种仪仗，也无别种礼式，不过尽是兵队罢了。

伦敦桥

① 英国前皇：即英国国王爱德华七世（1841—1910），1901—1910年在位，去世于1910年5月6日。

② 涛贝勒：即爱新觉罗·载涛（1887—1970），1902年曾代表清朝廷赴英参加英国国王爱德华七世的加冕典礼，在1910年出国考察途中被派任赴英国专使大臣，又出席了爱德华七世的葬礼。

比利时的博览会

比国赛会场中之喷水池

我在比利时国之时，刚遇着他京城举行博览会。中国商人也有去的。赛会一事，原是推广本国制造品最好的机会。我先到各国的赛会场，所陈设的，无一不新奇夺目。匆匆一过，也形容不尽他的好处来。以为我国出品，自然不能及他，但苏杭的绸缎、景德镇的磁器、南边各省的丝茶，也是世界上数一数二的。此外，如旧时精制之物、近来仿造之品，也有好的。陈设起来，很可推广我国的商业。那知我到中国会场内一看，所有赛品种类既少，并且没有一件是上等的。出品人赴赛之时，好像先存下一个胡乱塞责之心，真是可怪。加以陈设之时，散乱无法，愈显得品物恶劣。来看的人个个乘兴而来，败兴而去。稍稍出色的，只有从巴黎来赛会的中国豆腐公司一家。（大豆俗称黄豆，东三省产的最好，不但可制豆油及豆腐，他的浆可以制酪代牛乳，磨碎成屑，可以制粉代点心，滋补力极大。巴黎豆腐公司所出的物品，消［销］场甚好。因此，目下东三省的大豆亦很出名。）

荷兰国的北海口

海牙万国裁判所

荷兰国的京城名称海牙，万国和平会[①]设立于此。离海牙十里远近有个海口，名叫什文宁根，风景最好。我就寓居彼处。游人甚多，喜欢就海水洗浴的，便可走到北海里去洗澡了。

德意志、比利时两国的教育

德国的京城柏林又整齐，又壮大，真有欧洲人赞他大国民之家的气概。但我此次游历，最注意的是学堂，而小学堂尤为格外注意。小学堂以德意志和比利时两国办得最好。

① 万国和平会：即海牙和平会议，1899年和1907年在荷兰海牙召开。

德国柏林之王宫

德国京城柏林城内柏林一区（柏林城内共分做十余区，柏林区是其中之一），国民补习教育费，每年开支至一百万马克之多（约合中国银钱四十万圆），学生在义务教育八年已满之后，更就补习教育。这项教育亦受政府的强迫，人民不能不去的。三年毕业。此等补习学堂功课，分至一百又二门，我今不能细说。约略言之，则有铁工教育、邮递教育、鞋工教育等。甚至当茶房小使的，亦有茶房小使的教育。教法皆注重理论，如铁工则先教他铁的历史和出产的地方；邮递则教他本国的邮政制度、外国汇兑的规则；鞋工则教他人足构造的理由、足有病的模样和各种皮的来历、用法。

比国小学堂中有专门教劣等学生的。此等学生另分一班，教法也和寻常学生不同。我去参观之时，见劣等班正在堂中上课。学生对教习坐着，教习吩咐他们闭了眼睛，教习就身上穿的衣服暗暗改换少许，便叫学生张开眼来，问道："我身上比先前有什么改换的情形？"学生定睛细看，回说："没有。"教习叫他再看。如此数次，才有一个学生道："教习的衣服改换了。"劣等生最初的教法，大约都是这个样子。再进一步，则教他们用眼睛辨别颜色，用耳朵辨别声音，用手指试验软硬。寻常的教科书，他一概用不着的。

奥国的今皇

我到奥国之时，刚值奥皇[①]八十岁的寿辰。国人因为奥皇生平好猎，趁着这时候，在维也纳京城内开了一个打猎会，非常的欢喜热闹。奥皇兼管匈牙利国，照例是半年住奥，半年住匈，甚得民心，所以两国人民都极敬爱他。

匈国人遇同种的感情

匈牙利人，是我汉代匈奴的遗种，现在立国于多瑙河边。都城名布达佩斯，气象很觉阔大，也算替我黄人生色了。他们不忘其先，看得亚洲是他们的旧家，见了亚洲人也很亲热。他们对我道："敝国现在虽然极力自强，抵挡白种人的势力，不过醒悟太迟，事便难做。"他们还这样说，我回想到中国的情形，真不可说了。

布达佩斯

① 奥皇：即奥匈帝国皇帝弗兰茨·约瑟夫一世（1830—1916），1848—1916年在位。

多瑙河好比长江

我从维也纳到布达佩斯，是走多瑙河的水路。多瑙河上到处有古迹，有城镇、乡村。河中往来船只昼夜不断，可比我们的长江。不过长江的上上下下都是属于一国的，多瑙河还没有长江那么长，倒分了四五国的境界。

意大利

我向西去，到了瑞士国。瑞士是个阿尔卑斯山中的小国，湖山环绕，景致最好。

瑞士山中

从瑞士走铁路，先到意大利国的北境，游了米兰和威内萨两处。当元世祖时，欧洲人第一个来游历中国的马可·波罗，便是威内萨人。最后便到他京城罗马去。罗马的街道，甚不整齐，亦不洁净，一切情景，颇与我们京都相似。赌钱的风气极盛。由政府定立章程，准他开赌，每星期内开彩一次，政府重重抽他的税，作为补助教育的经费。现在南境各省竭力振兴学堂，预算三年之内预备八百兆佛郎[①]，大约赌税是一大宗。现在意大利国内，南方不识字的人，十成中还有四成；北方不识字的人，十成中倒有七成。三年之后，必然大有进步了。

罗马的盲女学堂

我在罗马，去看一个盲女学堂。女学生排班来迎，并献祝词。末后几句道：“愿先生回国之后，竭力开设此种学堂，以教贵国之盲女。果如此，则不但贵国之苦同胞受益，并我辈亦感祷不尽。”我听了很觉难受。

科仑布[②]的故乡

我从罗马向北，到了热那亚。这是第一个证明地圆、渡过大西洋、寻得南北美洲的科仑布之故乡。我并且访他的故居，徘徊片刻而去。

科仑布

① 佛郎：今译“法郎”。

② 科仑布：即哥伦布（1450—1506），意大利著名航海家、探险家。

巴黎的中国古书

英人史泰音，先在我们敦煌县石洞里得了古书，运到本国，被法国一位博士名叫伯希和的知道了，也亲到敦煌游览，步他的后尘，从一个老道士手里得了许多。听说不过费了二三千圆。伯希和对我说："老道士在石洞里把这些破纸起了出来，并不当他是个宝物。如我不去，恐怕就要被他烧毁了。"

我到了法国的京城巴黎，便去访伯希和，邀他同我到图书馆内去看。他们看得这些古书很郑重，不轻易许人去看的。我见敦煌来的古书，陈设了几大间屋子，都用镜架镶好了。每一卷子用一个木匣，挨次藏着。其余没有理清的，还堆在桌上，我没见过。记得有一种唐人写的《论语》，翻阅几页，和现在的本子多有不同。可惜没有工夫细看，看也看不得许多。我已经同伯希和商量停妥，陆续照了相寄回中国，将来还要设法印出来，请大家赏鉴。

美国的纽约

我离了巴黎，重返英国。便从苏当波敦海口上船，渡大西洋向美国去了，在纽约上岸。纽约的繁盛，自不必说。他的市房，竟有高至数十层的。

纽约的高楼

美国的幼童审判所[①]

童子犯罪，理当另有一个办法，可以保全他的良善天性。欧洲各国尚没有幼童审判所，只有美国已经成立。我去参观了，很为感动。警察带了一个年约十岁以外的童子来，对审判官道，此童偷人家的马鞭。审判官变了很和气的面目，问这童子。因没有证据，即时开释了。另外又有一个幼童，人家告他偷鸽子。审判官知道他已是第二次犯案了，也满面和气的低声问他。童子回说："这是旁人教我偷的，并不是我的主意。"审判官驳他道："我前次教你不要偷，你不肯听。他人教你去偷，你倒听了。你不错了主意了吗？"幼童登时泪流满面。官便判他到幼童犯罪学堂里去，读书改过。这个幼童审判所设在纽约城中一条最热闹的街上，房屋却是极小的。

纽约的幼童犯罪学堂，我也去看过，办得十分精密。我看幼童在学堂里照常上课，和寻常学生一样，并他自己也不觉得身在犯罪学堂里。

华侨之学堂

凡中国人在外国自办的学堂，我也留心查访。南洋群岛和美国，我国侨民最多，都有学堂学习祖国文字。然教授、管理等事都不能十分满意，其原因在于不能多得好教习。

今晚所说的甚为粗略，不足供诸君一听。过了几时，我还要详详细细将我游历时的见闻和各国初级教育、贫民教育的办法写出来，请教、请教。

（原载《少年》杂志 1911 年第 2、3 期）

---

① 幼童审判所：即少年法庭，依 1899 年美国伊利诺伊州议会制定的世界上第一个少年法《少年法庭法》颁布，在美国乃至西方各国掀起救助少年运动的高潮。

张元济氏壮游谈 ①

张菊生参议，今岁二月出游，先入欧洲，而英，而德，而法，而比，而意国，而奥国，而荷兰，共五月有余。继转而入美洲，又月余。归途经日本又月余，已于十七日抵沪。廿一日晚，其同人欢宴于一品香。记者适经其处，略聆其演说如下，拉杂录之，不能全记忆也。

予自沪至厦门，忽见千余华人乘船，问其何往，曰往新加坡。当上船时，有某国领事问之，曰："若辈愿往乎？"千余人急应声曰："愿往！"其一种凄惨之状。闻其声，知其非由衷之语也。予疑其中必有所谓"猪仔"者，往询船主，以不知对。呜呼，岂真不知哉！又询管机器者，答："虽有猪仔，不能明说。"第二日，予即亲身下舱中问之，无奈皆闽广人，语言不通。后用笔谈，其文理亦不通，无如何也！予问华人时，见其旁巡逻者甚多，似恐其说实话者然。噫！

及至新加坡，问中国领事，亦对以不知。后询之久于其地之商人，则知此事已年年岁岁，见惯不惊，专门以此为业者颇多。倘到埠，不愿则交还银廿四两。噫！此辈又何处觅银交还，惟有吞声忍气已耳！闻入其内地作工，十人中归者不及三四人，惨矣！人道又何在也！

予此次出游，最注意者为学堂，最注重者为平民学堂。而欧洲之平民学堂，最善者为比国与德国，请先言德国。

德之柏林一区，平民教育之补助费每年八百万马克，其强迫补助教育分科至一百二十之多。所谓"补助"者，强迫教育五年之后，又加三年者也。其分科不能细说，略一举之。如邮便教育、铁工教育、小使教育，教法皆握其要。

① 本文与《环游归来之一夕谈》一样，是张元济1911年1月21日晚上演讲的又一记录稿。他曾在同年3月23日（农历宣统三年二月廿三日）致汪康年的信中提道："《民立报》载弟演说词，错太多。"有心的读者可以比较阅读。

如铁工，则先教铁之历史与出产地，使学者知其大义，受用而已。（余略）

比国则平民学堂中注重练目力耳，力触力（多不悉记）。总之，求其将来适用而已。

比国赛会，其布置之不得法，规模之隘，见之使人生惭，外人观者无不摇头而去。稍出色者，惟豆腐公司而已。

民立報

張元濟氏壯游談

张元济氏壮游谈（《民立报》）

罗马之腐败，与比京同。其赌风极盛。政府许其每星期开彩一次，抽其费补助平民教育，闻三年之内可得八百兆佛郎，亦奇局也。

意大利民智不开，其南方识字者十人而六，北方识字者十人而三四。

予入意之盲女学堂，其盲女有献祝词者，末数语曰：“愿君归东方后，鼓吹设此等学堂，不特是处之苦同胞受益，予辈亦同感激不尽！”予闻之悚然。

有“史旦德”[1]者，英人也。在中国西北多年，专门研究中国古学，在西北各省得中国古物极多。其中，唐人笔迹及家用账簿、佛家杂记等尤夥，皆陈列伦敦博物院。最奇者有木板数块，长尺余，上嵌各种物，多盖汉时西域各王之印，下书多似梵文，如何用处不得而知。又有汉尺一。予将其中中国古物抄一目录，他日当印出也。

至法国帝国博物院，欲观敦煌石室书。法人甚秘之，不易见也。百计求之，始一见祖国文物，璀璨哉此物也！内书极多，中国现印之敦煌石室书目似有未尽者。书藏三大间，其多可知矣！予仅翻阅一《论语》，较现行本不同者颇多，未能细阅为憾。亦不能抄其藏书目，予当时曾请将其书印行于世，未知其实行否也。

得敦煌古书共费款五千元。闻购之一老道士之手。法人伯希和自命非常，谓：“非我，则此物当薪矣！”

至美国，最感动者为观幼童裁判所。一童子偷马鞭，裁判官笑而问之，因无证据，即释去。次一童子窃鸽子，已犯案二次矣。问之，曰：“人使我偷。”裁判官曰：“我教汝不偷，汝何以不听！而听人言，教汝偷耶！”遂罚入幼童犯罪学堂。

予二日即调查幼童犯罪学堂，见其管理法极精密。有一革童，问之，则语言不通，观其状似忘其在犯罪学堂也。

幼童裁判所惟美国独有。其老裁判官某曾著一书，言此事关于教育上利益甚多，予曾购之。

幼童裁判所设于纽约之通衢一小屋，视之，极为随便，非如吾国之设审判厅，先造堂皇大屋也。

予出国，凡见中国人在外国办之学堂，无不留心调查，而其可人意者最少，其原因在教习之坏而已。

右张君演说，记者不过略记其十分之一二而已，倘有错误处，望张君正之，并望游记之速出也。

（原载1911年1月23日《民立报》）

---

① 史旦德：即斯坦因。

张菊生之教育谈

（1911 年 6 月 29 日演讲）

寰球中学生会[①]初四晚上之演说。方届八时，张菊生惠然莅止。先由名誉会长伍秩庸[②]布告开会大旨。张君登台谓：鄙人去年由海道至英、德、法、比、意各国，复返至英，为时甚促。本非专往调查学务，且中等教育以上程度甚高，亦非浅识所能考见，惟留意于小学教育一方面。承贵会不遗浅陋，敢述所见以质高明云云。乃演说两时之久，座客咸鼓掌而散。兹录其演说大旨如下：

西国小学校教科大旨，与中国相同，亦以国文、历史、地理、格致为目。惟修身一科，重在教宗。今学部新章，初等教育不用历史、地理，然中国疆域广大，非若欧洲各国简而易明，岂可少此一科？国人迷信之深，非格致之学不能破，则此科亦似不可少也。中国人轻视工作，谓为“下等人所为”，实则不然。余见西国各小学校，每兼教金工、木工等事，校舍、校器辄能自行修造，不烦匠作。盖于小学教育之中，兼有实业教育之意，无非使学生将来皆有实用。又如泅水一事，中国人视为险事，而西国学校每兼习此科，中国亦当仿行。凡校地逼狭、学生太多者，常虑火患，故亦以时演习。有某校教师特以演试之法示余。但闻号钟一鸣，不及三分时而全校学生一律肃然出队，预备救火，实足以令人惊讶。各校教课有口授而不用教科书者，尤可惊异。如教地理，则手握泥料之类，随其口授所至，造为山水高下，种种形势宛然惟肖，即令学生依样仿造。其教动物、植物之类，亦用此法，随其所讲之种种形象，造为模型。余曾见课桌上置一田鸡，形状宛然，询知为最幼学生之所作也。又如教生理学，

---

① 寰球中学生会：即寰球中国学生会，系 1905 年由李登辉等成立于上海的民间学生社团组织。

② 伍秩庸：即伍廷芳（1842—1922），本名叙，字文爵，号秩庸。广东新会人，出生于新加坡。清末民初著名的外交家、法学家。我国近代第一个法学博士，曾任商务印书馆董事长。寰球中国学生会的发起人之一，时任其名誉会长。

则维列种种小模型，随所讲而指明内部、外部结合之形、动静之状。曾见有一师问学生云："顷尔等膳毕而来，试言食物如何而咀嚼、消化乎？"学生不能答，教师即以口齿利用之术发明之，又以模型指明其入胃消化之形象。凡若此类，皆可法也。西国各学校对于学生每有特别之待遇，比如贫苦子弟食力不给者，校长查得实验，则为之特别给餐。又如学生之父母，素有不良之习惯者，则虑学生渐染恶习，有特别留住校中之例。各国中小学校，随地皆有，触目皆是。虽极贫子弟，形状不洁者，亦无不入学肄业。其学校规模，随宜布置，绝无铺张侈饰之象。返观吾国，每县有小学堂若干所，每一所年费数千金，非绅富有力之子弟，无望入校肄业。然则教育所及，仅被于贵族、富族，而贫民皆无由造就，岂非与西国太相反耶？从前余在乡间，尚见私塾、训蒙馆教授贫民子弟，今则蒙馆渐尽，贫民识字读书者愈少。国家教育之缺点，惟赖社会教育有以补之。愿在座诸君注意于贫民教育，则鄙人之所望耳。

西国别有一种补习学堂，法良意美，凡受教育毕业后，有何种学科不足用者，仍可入校补习。每日课时甚短，教法种种不一。或有食力子弟不能多识字者，亦可入此校专习识字，是亦中国所当取法也。西国女学甚多，教法亦不一。美国则男女学生几无分界限。德国则分别甚严，小学校男女同校者，出入各别门户，则以风俗、习惯种种之不同耳。美国各小学教科大都皆女教师担任，各国女子教育皆极注重，中国尤当取法。西国之育［盲］哑学堂尤为中国所罕见。每闻盲哑并称，实则教哑倍难于教盲。曾见其教盲之法，教师以针刺纸孔为字形，令盲生以手抚纸，辨其字形。其学科尤以音乐、算学为重要。其教算学之法，有铜版刻为整齐之小孔，可任意插入圆钉于其中，令盲生以手抚之，即能辨为何数。又教盲生画图，亦以多针钉纸上作方圆种种之状，复以一线连之，令盲生依线画成各式。并能教盲生打字，旁立一人读之，盲人即能依声认字、打字无误。闻法国有一盲学堂善于教工作，每年盲生工作所得约值十万马克，洵可惊之事也。余在意大利国往观一盲学校，有学生闻余在旁参观，乃手写一纸以畀余，略谓：世界受苦之人，盲聋为甚，亦惟盲聋人能知盲聋人苦状。今蒙张君惠观本校，因念张君之祖国中亦不少哑聋之同类，但愿张君返国后设法启迪盲学，亦吾侪同类之幸福也，云云。余本不解意大利文字，因有友人以英语转详［译］示余。盲生之见解如此，实令人嘉尚无已。从前惟闻教哑之法，以手指屈伸为记号，现用吹气之法，以手按口、鼻、心、胸各部，变其声气为记号，可以彼此通话。将来教哑之法，其巧妙必能使哑人为言语，实可惊矣。夫教盲、教哑为以道德之盛举，亦国家之名誉。返观中国，盲、哑除教会设立外，无一学校，亦一缺憾。德国又有一种残疾学堂，专教残废之人，缺足者则为之装一足。又有各种器械使残疾之人用之得以屈伸动作，又有法能使残废之一部分逐渐发舒长成，足以弥造化生成之缺憾。此种教盲［育］实为最大之慈善事业。试回想吾国残废之人，感慨何如？体操为最要之科，尝观西人年至五六十岁犹能振作精神，按时任事。而吾国人年至四五十已觉渐衰，盖由于无体育。今当振兴军国民教育之时，尤当仿其种种教授法暨其简易之法，以期普及。此外所见，如图书馆、博物院，随处有之，皆有俾于补助教育。余见各国每逢星期，则学堂教师率其学生群集于其中实地研究，故其教育进步愈远。中国力不能广设，亦当酌量仿行其有俾于社会者非鲜也。

（原载《广益丛报》1911 年第 272 期，
并载于 1911 年 7 月 2 日、7 月 4 日《神州日报》，
部分载于《女学生》1911 年第 38 期、1912 年第 3 期）

诗文演讲

调查英国教育之提纲

（1910年5月）

幼童学龄自几岁起？

强迫教育之方法若何？是否以就学时刻为准，抑凭考试之成绩？

小学堂学期共几年？每年共几学期？

学科共分几门？是否兼课宗教？

小学堂至几岁始分男女班？

初等学堂有征收学费者，其学费之多寡有无定限？又何等学堂可免学费？

初等学堂办学经费是否自行征收？其征收之方法若何？抑或由政府统征，另行拨给？

英国学堂有受政府津贴者，未知他国如何？如亦受政府津贴，以何事为准而定其多寡之数？

有无专课女子之学堂？其组织若何？

夜学堂、星期日学堂、郊野学堂（英国名曰 Open-air school）之组织若何？

教授盲哑学堂及知识能力极缺乏者，其组织若何？

有无专课顽童之学堂（英国名曰 Industrial school）之组织若何？

小学堂之教习如何造就及选用？

小学堂校长及男女教习每岁薪水几何？其最高、最低之额为何数？

视学官如何选派？其视学之方法若何？

小学与中学之联络若何？学生如何升擢？

贫民欲受高等教育，如何方能遂其愿？（英国名曰 scholarship）

游马士河[①]志慨[②]

小小山河点缀多，居然名胜数欧罗。
故乡风景非无此，举目荆棘可奈何。
宣统庚戌六月，至比利时，游马士河，书此志慨，兼示子琦[③]。

附：

王廷璋辞

岁次庚戌夏日，吾菊生先生有欧美壮行，道出比邦，时璋适留学斯士，得随节作马士流域之游。因持此为赠，以志鸿爪焉。

---

① 马士河：今译“马斯河”。

② 原诗题于游比利时马士河时所摄照片背面，诗题为《张元济全集》编者所加。

③ 子琦：即王廷璋（1884—1944），字子琦，号澹盦。浙江绍兴人。宣统三年商科进士。长期在外交界任职。当时在比利时圣路易斯大学留学。

中国出洋赛会预备办法议[1]

凡人未有不自炫其所长而欲人之夸誉者，亦未有故暴其所短而欲人之耻笑者。而吾国独反是。何以见之？见于出洋之赛会。

吾国出洋赛会，前此多令税务司办理。留学比国学生某[2]语余，西历一千九百五年黎业资赛会[3]，中国出品竟有刑具、烟枪、缠足鞋等物，留学生争之公使，始撤去。前乎此者，吾不之知，度亦大率类是。一千九百一年美国圣鲁意斯及本年比京之会[4]，皆中国官商自办。圣鲁意斯之会，吾见其建筑影片，规制简陋，其他可知。本年比京之会，则尝亲见之矣。

吾国会场凡五楹，居会地边隅，与法属越南及南非洲某部相比，其位置已不合矣。西人尝以建筑之形式，卜其国民文野之程度，而吾国会场独为不中不西之制。不知何取？法、德两国会场之广大，固非吾所几及，荷兰、巴西亦且不如，甚至世界至小之摩纳哥国，而犹不及焉。可无耻欤？出品有瓷，有绸缎，有扇，有画，有绣货，有漆器，然皆粗陋下等之物。零乱琐杂，无可动目（所用橱架至假诸比国博物馆）。以视日本区区数商人之出品，殆不能比其什一（日本并未以国家名义与会）。说者谓不及一苏杭广杂货店。吾先后往凡六七次，见西人至者无几。即至亦摇首蹙额，转瞬即去。其一种鄙夷不屑之态，可以想见。吾不知吾国人何必糜此有用之金钱，而购彼欧美人鄙夷不屑吾中国之一念也？

圣鲁意斯之会，闻费银至七十万。黎业资之会，亦费银十三万。今年仅费二万，可谓俭矣。吾未闻一国与会而可以二万金集事者。前日何奢？今日何啬？恐主持者亦无以自解。若谓财政艰难，不能不力求撙节，则费一钱必须得

---

① 署名“武原”。

② 留学比国学生某：疑即王子琦。

③ 黎业资赛会：即 1905 年比利时列日国际博览会。

④ 美国圣鲁意斯及本年比京之会：即 1904 年（本文误作“1901 年”）美国圣路易斯世界博览会、1910 年比利时布鲁塞尔国际博览会。

一钱之益。吾不知此二万金所得之益安在？岂惟无益，直使西人以为吾国之工艺，与吾政府之提倡实业不过如是，则诚不如不赴会，不掷此二万金之为愈也。

然则吾中国可从此不出洋赛会乎？曰：乌乎可。处此时世，吾中国欲厕足于世界，不可不以赛会为之先导。请言其故：

今日为商战世界，夫人知之。吾国商民徒为本国之贸易，而不知为外国之贸易，故商业日见其衰，正宜因势乘便，罗列百产，以与世界各国相见。苟有一物为西人所乐购，则销路即辟，凡业此一物之农工商皆获其利。吾中国之天产物、人造物，其足以供彼西人之用者，不知凡几。富国之道宜莫若此事之为亟矣。

且赛会不仅为振兴商务已也。若武备，若交通，若教育，凡有关系之物，无不可以与会。吾观比京各国会场，或制为模型，或造为图表，或举其方法，或陈其成绩，其属于以上诸类者，亦为出品之一大部分。教育为诸事本原，视一切为尤要。伦敦英日［国］博览会[①]至列为专部，而比京德国会场，教育一门最见特色。观者无不啧啧称羡。吾国武备虽视他国为逊，然近年改革军政，凡军人之冠服，行军之演习，制为图说，列诸会场，亦可以一新耳目。（比王[②]莅吾国会场，在会之员示以前年河南秋操图，比王展阅良久，颇为称许。）邮部[③]之设，专司交通。汽船、铁路稍稍增进。如京张之隧道，如黄河之桥，缩为雏形，举以示人，可使彼知吾国交通之进步。至于教育，搜集尤易。校舍之建筑，生徒之功课，所用之图书、彝器，无不可以与赛。讲堂教授之情景可用写真，教育行政之统计可作图表。西人尝谓吾国无教育，苟能为之，亦可以塞其口。以上数事，为吾国从来赴会出品所不及。然至足以表彰国力，固未可以轻易视也。

更有进者。西人之至吾国者，以教士为最多。其足迹所至亦最遍。吾历观各国博物院，所陈吾国之物品，凡诸恶俗，无不具备。偶有工艺，亦至粗劣。大抵由教士采送，其用意可不言而喻。（日本物品在各国博物院者，多楚楚可观，闻多由彼国自行选送。此亦吾所当取法者。）近日彼国昌言殖民，至有立会演说，专摘取吾民之短，以及吾国力之弱，以张其国民移殖东向之焰。此虽细事，然影响于外交者甚大。吾既不能禁其演说，又不能要求其博物院撤去损吾体面之物，则惟有于赛会之时尽力张扬以为抵制，使彼国之人常有中国政教、工艺素著文明，近更进步，非棕、黑人种可比之观念，往来于心目之间，则舆论所成，轻重易势，而吾已大收其效。譬诸常人交际，既不敢轻视其为人，相待自不至于无礼。其明证也。

吾国出洋赛会之举，既如此其要，当以何道行之？曰："凡事豫则立，

---

① 伦敦英日［国］博览会：即 1908 年英国伦敦世界博览会。

② 比王：即比利时国王阿尔伯特一世（Albert Ⅰ，1875—1934），1909 年至 1934 年在位。

③ 邮部：即邮传部。

不豫则废。”豫之之道可得而言：

欧美诸国几于岁一赛会。吾既历应美、比之招，度未必能拒他国之请。然欲为通盘筹算之计，则此十年内无论何国要请赴会，均暂谢绝。（本年比京赛会，俄、美两国即未赴会。）每会二万金诚不足。吾不敢言圣鲁意斯之豪举，亦不敢望黎业资之全数。姑以半计，积十年当得七十万。则请以此数分十年筹备，其法如下：

南洋劝业会[①]创造匪易，闭会之后骤令解散，岂不可惜？今可继劝业会设物品陈列馆，择会中精美有用之物，劝原主留置，不允则议价购入。馆屋不另筑，可以会场之一部分充之。如价购之物过多，则乞政府借拨一二十万，以资开办。限若干年，于应拨数内扣还。更岁拨若干，以为十年既满，赴外洋建造会场（各国会场多系木质，可以拆卸移动，由此处运至彼处）。而以其余为增置物品，练习人材之用。

欧洲市肆，凡百货物，陈设装潢皆有专技，而赛会出品为尤精。盖兼心理学、审美学而运用之，非可以造次为也。窃谓厨柜架匣之属，宜专用吾国固有之式，以表吾国民之品性。更就所有之物，调查其性质、制法、功用、价值，撰为广告，分译英、法、德三国文字，分赠外人。凡此二事，关系至重，不可以不学无术者为之。此人材之属于布置者也。欧洲会场招揽之法，非吾国商人所能为，不能不预为教练。且为出洋赛会之用，更不能不兼习各国语言。窃谓馆中宜招集生徒，昼则任事，夜则就学，且可随时开地方劝业会，以为试验之地。务使在馆之人皆能办会场之事而后已。此人材之属于酬应者也。

物品既备，人材亦集。十年届满，可举馆中之所有，出而与世界各国相竞。甲国既毕，转之乙国。每会必赴，每赴必备（欧洲各国商人赴会大都如是）。既免临渴掘井之劳，且收驾轻就熟之便。行之十年，当有大效。商业渐盛，商智亦开，即可移交商民，令其自办，国家可不必过问，岁拨经费亦可停止。前后统计仅二十年，所费不过百四十万两，可为国民开无穷之财源，兼为国家收间接之利益，则亦何惮而不为也。

吾闻意大利明岁又将赛会，政府亦已允其所请，备物与赛。吾甚虑蹈比京之覆辙，故敢贡其刍荛，谋国者或有取焉。

（原载《东方杂志》1910年第9号，
《广东创业报》第119、120期）

① 南洋劝业会：1910年6月至11月举办于南京，除了中国14个省外，还吸引欧美和东南亚各国参会，以农副、工艺、教育出品为主，展品约达百万件，参观人数30余万，奠定了近代中国博览会的基础。

欧洲名画照片背面题辞[①]

（1910 年 9 月 1 日）

路德在人家鼓琴而歌之图。庚戌七月廿八日购于来伯锡[②]博物院。菊生。原画藏院中。又识。

① 文题为《张元济全集》编者所加。

② 来伯锡：今译“莱比锡”。

在纽约中国留学生会馆演说大意

（1910年11月25日演讲）

本日承贵会宠邀，并承朱鼎馨[①]先生介绍，得与盛会，与诸子相见，至为欣幸。鄙人从中国来，自应以中国事奉告。但千端万绪，实难尽述。贵会今夕借福音堂开会，副会长关君亦系耶教中人。虽关君声明今夕开会与耶教无涉，鄙人亦非耶教中人，然念耶教与本国现势及前途均大有关系。在座诸君亦必有遵奉耶教者。拟即就此问题略抒管见，借求教益。

今耶教在中国境内，经各国教士竭力传布，而推行不甚广远，且本国人民感情甚恶，时时有仇教之举动，而政府与社会两方面均不能就根本上解决。此事甚为可虑。然人民仇教之举不过盛于近今数十年中，而当耶教初入中国之时，则不如是，且颇得中国人之信仰。请申言之。

明季士大夫多喜与罗马教士相往还，且多有信奉耶教者。其中如徐文定公光启，为有明有名人物。其人即皈依耶教。今上海之徐家汇天主教堂，即徐公捐宅所建也。不独士大夫为然，即明代宫禁中，亦有敬奉耶教者。鄙人此次游历欧洲，道经罗马，在教皇宫中见有明代皇太后致教皇国书一通[②]。上书“大明宁圣慈肃皇太后[③]烈纳”，末书“永历四年十月十一日”，盖有“宁圣慈肃皇太后宝玺”。文书中大旨谓已已受圣洗，并皇太后玛利亚、皇后亚纳、皇太子当定均已入教，求圣父在天主前代求赦罪，并保佑国家中兴太平，又请多派

---

① 朱鼎馨：疑即朱兆莘（1879—1932），字鼎青。广东花县人。先后在美国纽约大学、哥伦比亚大学学习，获硕士学位。长期在我国外交界任职。时任学部派驻美襄办学务员。

② 明代皇太后致教皇国书一通：即《永历太妃肃罗马教皇笺》。

③ 大明宁圣慈肃皇太后：即南明政权永历帝的嫡母王太后，领洗入教后的教名为“玛利亚”。

教士到华传教等语。此外，尚有司礼监太监庞亚基楼[①]上教皇书一通[②]，亦同时寄罗马者，自称入教已二十余年，词意亦与宁圣慈肃皇太后书相同。是可知耶教流传，在明时极为兴盛矣。亦不独明代为然，本朝圣祖仁皇帝[③]颇信用罗马教士，被简为钦天监官者，实繁有徒。且闻有入宫禁充顾问者。鄙人前闻诸张樵野侍郎荫桓[④]，谓当时有人奏疏中有“天主”字样，未经抬头，奉旨申饬。又京师宣武门内天主教堂落成之时，尝遣官前往行礼。侍郎言，曾于某书见此记载。是可知耶教在本朝之初，亦甚有推行顺利之象也。

顾何以在当日则顺利如彼，而今日则挫折若此？今日中国人一闻耶教之名，且有避之若浼者，是非无因而然也。原因所在，纳有两端：

一、由于传教之事载入条约。吾国前数十年与各国订立条约，大抵出于战败之后，城下之盟，人皆耻之。无识之人意谓外国传教一事，本非我国人所愿，不过迫于外国人之兵力，无可如何，而心中遂隐隐含有一种敌忾同仇之意。此为民教不和最初之根。

二、由于在华传教者多系外国教士，此层与吾国人民最易发生恶感情。可以分为三节说明之：

（甲）外国人不能确知中国人之性情及其习俗，因此而教中仪节及其言论不能按中国人之心理因势利导，而常有种种扞格之事在。耶教救世宗旨，本以拯拔人之罪恶为念，故凡有来归者，无不容纳。此中真心悔过者，固不乏人，而以为逋逃薮者，亦复不少。良善之民见有莠人入教，教会辄收容之，而其人未必改过迁善，且有时恃教为护符，而其行为益加恶焉，乡党、宗族不免反受其凌侮。而于是时，对教会发生第一恶感情矣。

（乙）外国教士享受领事裁判权之利益，而不受吾国法律之制裁。中国人见教士在我国境内，中国官吏不能管辖，而心中已怀有一种不平之气。驯至教士所雇用之人，可以享此特别之利益，入教之人，亦可以享此特别之利益，

---

① 庞亚基楼：即庞天寿（1588—1657），顺天府大兴人，明末和南明时期著名宦官。早年领洗天主教，“亚基楼”为其教名。他在任永历帝司礼监掌印太监时期，劝导永历朝的太后、皇后、皇太子先后领洗入教。

② 教皇书一通：即《永历太监庞天寿奉罗马教皇书》。张元济回国后，将他在罗马梵蒂冈教廷图书馆发现的《永历太妃肃罗马教皇笺》和《永历太监庞天寿奉罗马教皇书》的影像版提供给《东方杂志》主编杜亚泉，刊发于该刊1911年第5号的卷首，同期还刊出杜亚泉署名“高劳”撰写的《永历太妃遣使于罗马教皇考》一文，文后附录《王太妃致耶稣会总统书》。有关内容参见本书收录的《张元济的意大利之行与南明天主教文献的发现》（邹振环著）一文。

③ 圣祖仁皇帝：即清朝康熙皇帝（1654—1722）。

④ 张樵野侍郎荫桓：即张荫桓（1837—1900），字樵野。广东南海人，张荫棠之兄。曾任户部左侍郎、中国驻美公使等。

而人心愈为不平。有时教士以为其人既已入教，真心悔过，虽其先曾经违犯法律，而此后当不至再蹈故辙，因向中国官吏代为伸诉者。中国官吏惮教士之纠缠，往往徇其所请，此固由官吏之不善应付，然亦因教士为外国人而始徇之。同一犯罪之人，而入教者得免于罪，不入教者即不得免于罪，此其不平为何如耶？于是对于教会又发生第二恶感情矣。

（丙）因教案有杀人赔款割地之事。在教士以身殉道，容有不欲为此已甚者。然一教士被杀之后，而吾国则确已赔款若干，因而割地者。胶州之役，其明证也。旅顺、威海、广州湾之割让，其原因与教会无涉，而实与胶州一案相连。即谓之始于教案也亦可。吾国人以为外国人在此传教，而国家因受此种之损失。此其中别有原因，而国民则仅见其表面之结果，而不见其隐含之内容，而以为非由教案决不至此也。于是对于教会发生第三恶感情矣。

由此观之，耶教之在中国，在今日已陷于极困难之一境。若不筹一妥善办法，而耶教之人与非耶教之人彼此不能相安，且于外交上有绝大之影响，而中国之危险不可设想矣。然鄙人以为能解除此危险者，即在信奉耶教之留学诸君。

上文所言教案之原因。第一端在传教之事载入条约，此层不易挽回。然能将第二端，外国教士在华传教一事更改办法，则亦可以将此两种困难之原因渐渐消弭。

所谓更改传教办法者，为何？则由吾中国人自己传教是也。吾国人无出而传教者，故外国人不得不为越俎之谋。若我国留学生之信奉耶教者，肯以传教之事自任，则外国教士自必引身而退。华教士之传教者日多，而外国教士之传教者日少，驯至于可以在中国之耶教教会无一外国教士。鄙人敢信其时可以无一教案。此何以故？

中国人自己传教，自能熟知中国人之性情。则凡教中之仪节、言论必能善为因应，使其易于推行，不致受种种之抨击。间有莠民投附，察知其人并非真心悔过者，可以拒绝。既已入教，亦可随时屏斥。（此于耶教宗旨似有未合。然在中国目前不能不如此办法。）而上文所言第一之恶感情可以不生。

教士既系中国人，自应同守中国法律。遇有诉讼之事，无论耶教非耶教，同一待遇，官吏无所用其瞻徇。而上文所言第二之恶感情可以不生。

现在本国无识之人占大多数，与教会之恶感情积久且深，一时不易消弭。诸君子既信耶教，耶稣舍身救世，诸君子亦必有舍身救国者。诸君子出而传教，其始必大有危险。然以诸君子信道之笃、爱国之诚，鄙人敢信诸君子即殒身丧命，亦必不惜。诸君子可以先行宣布，万一不幸遇有此事，但求国家按律治理，无所用其赔款，更无所用其割地，甚且可以援耶稣爱仇之意，不必杀人。以至诚之心感人，人未有不动者。传教中人果能如是行之，数次而后，而谓仇教之人有不自惭而感化者，吾不信也。如是则上文所言第三之恶感情可以不生。

如是则耶教人与非耶教人可以永远好合，而吾国庶几有信仰自由之一日，且从此中外交谊，可以除去一大障碍。是造福于中国岂浅鲜也。诸君子有以救国为志者，当不河汉斯言。

附：

纽约中国留学会致张元济信

张公足下：敬启者，天不厌中国而生明公，不自以为劳，遍走寰宇，考察学务。此志坚白，可照人矣。敝同人旧岁悯旅美学界之散缓，曾组织一学会。其始不过二三同志，讲学敦谊。不逾一载，纽约中之留学生与会者百有余众，类皆修己实行、克苦艰难之士。今适于中历十月廿五日[①]（即礼拜五晚）下午八点钟开一特别大会，各手足仰云霓之誉久矣，届期可否枉驾一顾，学会与有荣焉。专此。敬叩动止。

纽约中国留学生会同上

记者区公沛签名

二十二号

① 中历十月廿五日：国内农历实为十月廿四日（11 月 25 日）。

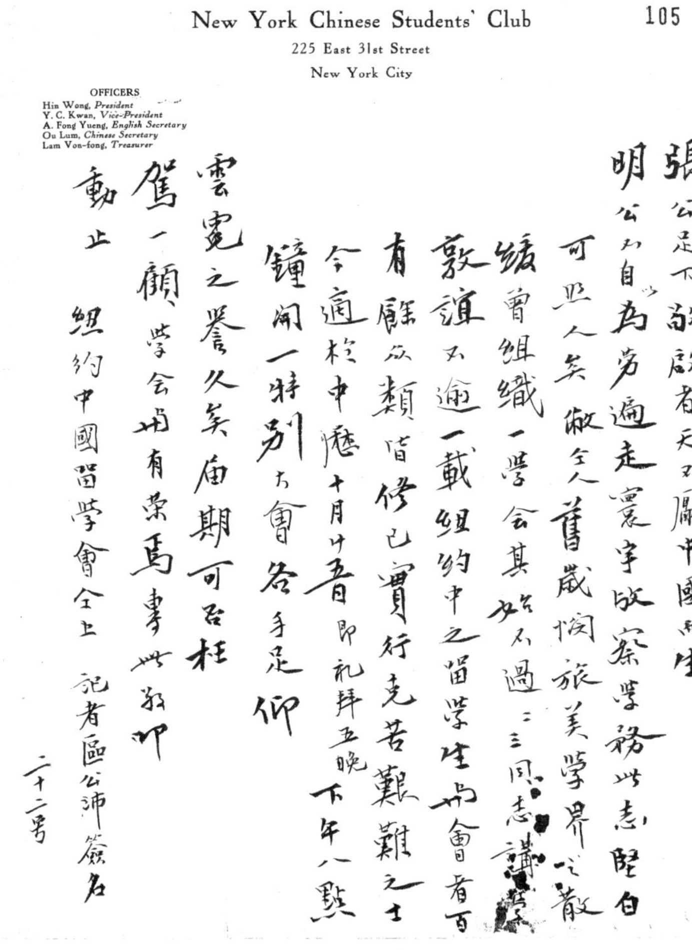
New York Chinese Students' Club 105
225 East 31st Street
New York City

OFFICERS
Hin Wong, *President*
Y. C. Kwan, *Vice-President*
A. Fong Yueng, *English Secretary*
Ou Lum, *Chinese Secretary*
Lam Von-fong, *Treasurer*

張公足下敬啟者天不厭中國而生
明公以自少為勞遍走寰宇攷察學務此志堅白
可照人矣敝会人舊歲悯旅美學界之散
繽曾組織一學会其始不過二三同志講學
敦誼不逾一載紐約中之留學生而會者百
有餘從類皆修己實行克苦艱難之士
今適於中曆十月廿五日即礼拜五晚下午八點
鐘開一特別大會各手足仰
雲霓之譽久矣屆期可否枉
駕一顧學会必有榮焉專此敬叩
動止
紐約中國留學會仝上 記者區公沛簽名
二十二號

纽约中国留学会致张元济信

往来书信

致孙壮[①]的信（2封）

【1】1910年2月15日[②]

敬再启者：奉到去腊廿六日手书，敬悉。致王君书亦收到。公翁[③]办理此事，前途应如何报酬，敬祈转询示复。又承介绍法人某君[④]允假印敦煌石室书，甚感。现在函商，较费周折。弟今春二月有欧美之行（定二月初六日动身），必到法国，可否求公翁给函介绍，由弟亲往面商，较为直捷。至王芸阁事，昨胡文甫来此言，王君已应南洋公学之聘，拟即在此接洽。至弟西行之后所有编辑所各事，均请改寄高梦旦[⑤]先生启阅。至寄王君要信，亦可寄交北浙江路二百四十五号梦翁住宅转交无误。明后日尚有递外务部、学部呈文，即为游历请咨之事，到后尚乞代为投递，感荷不尽。专此。敬请台安。

弟元济再启　新正六日

---

① 孙壮：（1879—1943），字伯恒，号雪园。直隶大兴人，祖籍浙江余姚。时任商务印书馆北京分馆经理。

② 张元济在1910年2月10日（正月初一日）致孙壮信中提及“弟今年拟作环球之游，定于二月初六日自沪起程”。

③ 公翁：即冯恕（1867—1948），字公度。浙江慈溪人。著名书法家、藏书家。系孙壮的业师，曾任海军部参事、军枢司司长及海军协都等职。张元济在信中尊称其为“公翁”。

④ 法人某君：疑即伯希和。

⑤ 高梦旦：即高凤谦（1870—1936），字梦旦。福建长乐人。曾任商务印书馆编译所国文部部长，后继任编译所所长。张元济在信中尊称其为“梦翁”。

【2】1911 年 2 月 6 日

伯恒我兄大人阁下：新岁，维起居纳福为颂。去岁归国奉手书并退还粹方[①]、惺存[②]两公信，敬悉一切。《隶古文尚书》已收到，兹另封寄去。元代某汗寄法兰西国王国书两通，系在巴黎时向彼国文库中影出者，敬祈阁下代觅一识蒙文者译为汉文寄下，费神之至。应如何酬报之处，亦祈询示。余续佈。敬贺新禧。

弟张元济顿首　正月八日

---

① 粹方：即夏瑞芳（1871—1914），字粹芳，或粹方、萃方。江苏青浦人。1897 年在上海创办商务印书馆，任总经理。1914 年被暗杀身亡。张元济在信中有时尊称其为“粹翁”。

② 惺存：即陶葆霖（1870—1920），字惺存，号景藏。浙江嘉兴人。清两广总督陶模之子。1902 年留学东京法政大学。张元济延揽至商务印书馆编译所，曾任《东方杂志》主编。张元济在信中尊称其为“惺翁”。

致蔡元培的信（2 封）

【1】1910 年 2 月 24 日

鹤庼[①]吾兄同年有道：前接陶君杏南[②]洪都来函，并汇洋银三百元及信一封，嘱为转呈。遵即代购马克五百廿四〇八六，兹将汇票一纸并陶信一封寄请察收示复为荷。昨奉邮片，承嘱代送高子鸣先生奠分两元，当即照寄。此间一是如昨。弟拟二月初六日出洋游历，先至伦敦，大约四五月间可至柏林，藉图畅叙，先此奉闻。附致夏君浮筼[③]一函，务祈确交。另寄上月份牌十份，并乞分致同人为祷。专此，敬颂宜春万福。

弟张元济顿首　正月十四日

【2】1910 年 5 月 9 日

鹤庼吾兄大人阁下：前月廿五日到伦敦，即投寓此旅馆。次日由使署交到西五月二日[④]手示，敬悉一切，诸承关爱，感荷不置。弟前函欲觅同游之人，

---

① 鹤庼：即蔡元培（1868—1940），字鹤卿，又字孑民，号鹤庼。浙江绍兴人。革命家、教育家、政治家。光绪年间进士，曾任中华民国首任教育总长、北京大学校长、中央研究院院长等。

② 陶君杏南：即陶大均（1858—1910），字杏南。浙江绍兴人。曾留学日本七年，系近代中国第一代日语翻译。曾任商部郎中、外务部左丞、江西按察使等。

③ 夏君浮筼：即夏元瑮（1884—1944），字浮筠、浮筼。浙江杭州人。近代物理学家、教育家。曾留学美国加州大学伯克利分校和耶鲁大学、德国柏林大学。1917 年应北京大学校长蔡元培之聘任理科学长、教授，后任北大物理系主任等。

④ 西五月二日：即公历 1910 年 5 月 2 日（三月廿三日）。

不专指德国言。所欲往者，除德国诸名都外，尚有瑞士（择其最胜而易到者一处已足），意大利之罗马、邦沛[①]、拿破利[②]（其他如温尼西[③]、米兰、佛罗棱思[④]等处，则可去可不去矣），奥大利[⑤]维也纳、匈牙利之布达佩斯（余如德、比、荷、俄等处只可另作一起），游资不菲，恐浮筼兄未必有此兴致，现姑寄去一信，乞为转寄，并请直复。此外倘有他便，亦乞代为留意。德国强迫教育章程（又贪民教育亦最欲知）及一切有关系之事，拟请代购最新之书，并乞译汉。至《伦理学史》，略可以暂辍。又印刷业之大概，承允先期探访，尤为感荷。编译所来信云诸事除致信章一山外，均已照办，属为转达，敬祈察核为幸。弟在此句留久暂尚难预计，容再函告。专此，敬请台安。

弟张元济顿首　四月一日

① 邦沛：今译“庞贝”或“庞培”。

② 拿破利：今译“那不勒斯”。

③ 温尼西：今译“威尼斯”。

④ 佛罗棱思：今译“佛罗伦萨”。

⑤ 奥大利：今译“奥地利”。

致盛宣怀的信（2封）

【1】1910年3月4日

杏荪[①]宫保钧鉴：旬日之前，蒙纡尊枉顾，未及拥篲迎候，惶悚莫名。旋即趋诣台端，又值相左，不克承教为怅。元济有环游地球之举，出月初即须首涂，尚拟于日内奉谒，惟星期稍可得暇。能否于是日赐以燕见，或另订何日？统祈裁示。不胜荣幸之至。专此。敬请崇安。

张元济谨上　正月二十三日

【2】1911年（具体日期不详）

杏荪宫保钧鉴：去年游历欧洲，欣闻曳履星辰，拜扬庥命，瞻尚书之北斗，焕新律于东缠，励相荩劳，勋福懋介，钦企无似。元济岁晚回沪，积冗滋多，辄无善状可述。前在伦敦时晤伯行[②]星使，曾以尊属询问采购西书办法。据言，公家者自可由使馆以公文咨取，其余种类较繁，似宜指定何项，择其旧本，售之价颇廉而易致。今星使已列同僚，此事当可面为折衷矣。图书之府何日观成？去岁曾有彼此互换重出书籍之议，未知果可行否？能否邀求特允先往参观？不胜感幸之至。专肃。只请钧安。伏维融照不既。

张元济谨肃

① 杏荪：即盛宣怀（1844—1916），字杏荪，又字杏生等，别署愚斋。江苏江阴人。曾任工部左侍郎、邮传部右侍郎和尚书。以兴办实业、教育闻名，被誉为“中国实业之父”“中国高等教育之父”。其创办的愚斋图书馆藏书十余万卷。张元济在信中尊称其为“杏公”。

② 伯行：即李经方（1855—1934），字伯行，号端甫。安徽合肥人，李鸿章之嗣子。光绪举人，曾任驻日公使、驻英公使（1907—1910）、邮传部左侍郎等。晚年寓居大连。

致孙毓修的信（3封）

【1】1910年4月17日

星如[①]先生有道：别来倏已逾月。东望故国，时时思念不置也。沿途情形叠详公信中，谅荷垂阅，兹不复述。顷忆得数事有关于图书馆者，胪举如左，伏祈察核为幸。专此。敬颂台安。

弟元济顿首　三月初八日

一、乌镇徐子云处购定各书已否寄来？如未到，请速催。

二、湘潭王君（礼培，其名号记不真）有无信来托抄补？《三礼疑义》曾属湘馆付过抄费二十元，近日不知有抄稿寄来否？去年曾云今春二三月来沪，其文汇阁《四库全书》如可让，鄙见每册一元总可值得。乞再与惺、梦诸公酌定。渠曾借弟《松桂堂集》八册，如晤时并乞索还，为荷。

三、江宁图书馆[②]已改归张子虞[③]观察总办。缪小山[④]已辞。抄书事由彼介

---

① 星如：即孙毓修（1871—1922），字星如，自署小渌天主人。江苏无锡人。目录学家、藏书家、图书馆学家。曾随缪荃孙学习版本目录学。1907年入商务印书馆编译所任高级编辑，筹建图书室，后出任涵芬楼负责人。编译童话一百余种，先后主编出版《少年杂志》《少年》丛书等，茅盾称他为“中国童话的开山祖师”。张元济有时在信中尊称其为“星翁”。

② 江宁图书馆：应为江南图书馆，1907年创办于南京（江宁府），1911年对外开放。缪荃孙为图书馆总办。现为南京图书馆古籍部。

③ 张子虞：即张预（1840—1910），字子虞，号虞庵。浙江杭州人。光绪年间进士，曾任湖南学政、徐州知府等。

④ 缪小山：即缪荃孙（1844—1919），字炎之，又字筱珊，也写作小山，晚号艺风老人。江苏江阴人。学者、藏书家、校勘家、目录学家。1876年中进士，主讲南菁书院，后主办江南图书馆、京师图书馆等，民国后任清史馆总纂。

绍，不知已接洽否？（各信已呈阅，请检阅，便接洽。）如已接洽，请托汤颐翁[1]拟一信稿，由弟出名。称老前辈（前在京相熟，后数年未通音问），作为在印度洋中函寄可也。

四、修旧书事已函托俞志贤兄切实觅人，务祈加意督责，然切不可草率。

五、各处不知有佳本寄示否？如有为本馆所未有者，幸勿失之交臂也。

【2】1910年6月22日

星如仁兄大人阁下：奉到四月二十日补寄副笺，敬悉一切。

一、补抄宋元版旧书，必须用精美之纸，色泽能与原书相配者，能得旧纸尤佳。书法亦须端正，宁稍费钱，不可草率。

二、徐子云如此荒唐，殊想不到。样本存洋只可扣存不付。一面函催。如发行所有便至彼处收帐，并托面索可也。

三、《唐音戊签》校本及《胡孝辕选诗》手稿现经我公认为真本，鄙意五十元总可值得。图书馆如不欲得之，弟亦可以私购也。《朱西村诗稿》前购顾氏（上海城内）残书中记有抄本三册，未知相同否？其人系海盐人，弟亦欲得其书也，价请代酌为幸。

四、明钞《国朝典故》卅二册，鄙意如有未经刻印之书在内（不必全系未刊之本），百五十元以内总可购得。

五、《龙威秘书》不敢遥定；《守山阁》如系原本完好者，三百金（约四百元）可值；《别下》则二三百元亦可；殿版《二十四史》黄纸四百金太昂，三百金似可购（记得有数种重修者不佳，请查明）；聚珍版丛书如系武英殿原板且完全者，索价二百金不算过昂，若不完全而能有多种可以配补去年所购者，亦可谐价购入。

六、持静斋书如有出售之意，务祈设法截留。潘、成两处亦必有精本，千万留意。

七、山东提学使罗顺循与弟相熟，可请汤颐翁代拟一信，首叙弟游历环球，专意考查初等教育及贫民教育。现在英伦将可毕事，即日前赴大陆。并询海源阁藏书事，杨君是否作古？其书务请设法保存，切勿任其流入东瀛等语。信中应具贱名，作为由英国寄归者。缮成后即请径寄济南为幸。

---

① 汤颐翁：即汤宝荣（1871—1923），字伯迟，号颐琐。江苏吴县人。任商务印书馆总记室，是张元济辑印《四部丛刊》等古籍的主要助手。张元济在信中尊称其为“颐翁”。

八、翻印旧书事应如何办理，请就近裁夺。

九、朱英荦之书，请其备价赎去，最为妥协。

十、前函请公代查本馆已有音韵各书，想荷垂察。有为本馆所未备（专论反切者，本朝钦定论清文、唐古忒文、蒙文者）者，并祈统开一单见示，拟托代购。是为至祷。

敬请台安。

以上各节，统祈就近与惺存、梦旦两公妥商定夺为幸。

弟张元济顿首　五月十六日

【3】1910年10月14日

星如吾兄有道：奉八月七日手书，敬悉一切。前闻贤嫂夫人暨令嫒均有清恙，未知均占勿药否？兄起居何如？均甚念也。图书馆事本不易办，创始尤艰。(艺风馆及谭复堂书均请留其目录，勿拒绝为要。拜经遗书仍乞公留意，如五十元可得，弟愿自购也。)我兄经营半年，渐有端绪，感荷之至。现改办法，惺、梦两公来信，均欲借重长才从事编译，似比管理图书馆事于公司较为有益，愿我兄勿为误会也。事忙，不克多述，即请台安。

弟张元济顿首　九月十二日

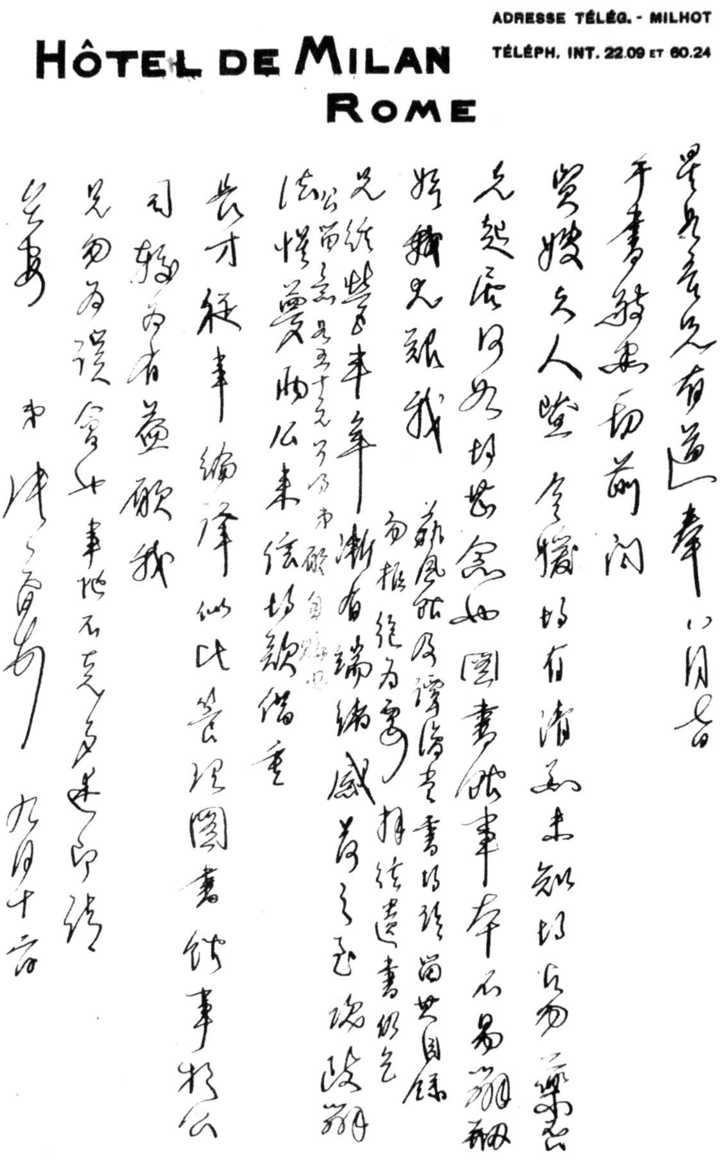

HÔTEL DE MILAN

ROME

ADRESSE TÉLÉG. - MILHOT

TÉLÉPH. INT. 22.09 ET 60.24

张元济给孙毓修的信

致陶葆霖、高凤谦的信（3 封）

【1】1910 年 5 月 5 日

（上缺）

再翊亭[①]先生事，惺翁来函云云，足见用意周到，但恐翊老之意或不谓然，亦不知同人议论何如。此事梦翁当能体察妥协，即祈二公裁度，略询同人意见，如亚泉[②]、竹庄[③]、炜士[④]诸公在馆甚久，必能彼此关切，共筹一善策也。总须可以对翊老，使其身心俱安，而公司亦不至有所为难。弟遥度冥揣，终不得当，并非敢以推诿也。尚祈鉴察为幸。肃此。再请台安。

弟张元济顿首　三月廿六日

---

① 翊亭：即吴曾祺（1852—1929），字翼亭，亦作翊庭。福建侯官人。近代藏书家、训诂学家。协助张元济、高梦旦创办涵芬楼图书馆，编有《涵芬楼古今文钞》及其“简编”、《涵芬楼文谈》等，人称“涵芬先生”。张元济在信中尊称其为“翊老”。

② 亚泉：即杜亚泉（1873—1933），原名炜孙，字秋帆，号亚泉，笔名伧父、高劳。浙江绍兴人。曾创办亚泉学馆和《亚泉杂志》，1904 年加入商务印书馆编译所，后任《东方杂志》主编。张元济在信中尊称其为“亚翁”。

③ 竹庄：即蒋维乔（1873—1958），字竹庄，号因是子。江苏武进人。投身商务印书馆编译所，参与编辑新式小学教材。曾任教育部秘书长、参事及江苏省教育厅厅长，1929 年任上海光华大学文学院院长兼国文系主任。

④ 炜士：即陆尔奎（1862—1935），字浦先，号炜士。曾在上海南洋公学等校任教，1906 年进商务印书馆编译所，曾任《辞源》主编。

【2】1910年5月10日

惺翁、梦翁吾兄大人阁下：得惺翁二号、四号信，敬悉一切。谨条复如左。（三月廿六日发第九号信想收到矣。）

一、第一号即香港所发明信片，信片、封函号数连接，可以免致错误也。

二、二月廿三日寄来自印邮片尚未收到。

三、图书馆事总须请孙星翁切实清理，不可含糊，若再迟延，将来总无清理之日。如无帮手，添人换人均无不可。然总须星如妥为调度也。

四、《古今文钞》事弟以为宁可展期，再费校对工夫均无不可，切勿草率出版，致损名誉。

五、缪小山所送《说文部首》系送弟者，并非直送本馆，故问彼无从接洽。共有两册，如何竟寻不见？图书馆事诚难办，然亦非十分难事，但略须精细耳。

六、钮君翁[①]可将《最新国文教科书》改写活体，以制锌板。弟记得尚有数册并未写完，请查。

七、唐景崇[②]调学部尚书，请汤颐翁代拟一贺信，作为弟由海外闻信寄去者。号春卿，称老前辈，自称馆晚生。函中大旨可云此次在部呈请出洋游历，拟专意调查初等教育及贫民教育事宜，冀他日归国可以稍效壤流之助。闻英国注重格致、美术、实业等教育，而于强迫教育殊不措意。德、美两国均出其上。将来当拟到彼详考一切。并祈指示（如蒙复信寄英使馆转交），俾资遵行等语。缮就后交京分馆转呈。费神之至。

八、昨看一幼稚园需用教育物品社，颇有向所未见之物。图画一种意匠尤多，弟当购归仿制也。

九、长沙乱事，来函均未道及。想无甚紧要矣。

十、厨子事弟等自问力所能及，只能如此。同人不谅，竟致摔碗。此等举动殊为可惜。想必不以本馆为然。弟意应请明告宾主，相处宜各尽其道，否则恐难相安等语。未知二公以为何如？

十一、前托请陆伯翁[③]代检《列国政要》及《教育世界》又其他各书论及外国学制可备参考者，请抽出速寄（经西伯利亚）。务祈赐办，甚盼甚盼也。

---

① 钮君翁：即钮家鲁，号君宜。浙江湖州人。工书法，曾任商务印书馆国文部编辑。

② 唐景崇：（1844—1914），字春卿。广西灌阳人。同治年间进士，曾任内阁学士、礼部侍郎、江苏学政等，1910年任学部尚书。

③ 陆伯翁：即陆费逵（1886—1941），字伯鸿。浙江桐乡人。1908年进商务印书馆，后任出版部部长兼《教育杂志》主编。1912年创办中华书局，任局长、总经理，成为商务印书馆的有力竞争者。

当此敬请台安。

同人均此致意。

弟张元济顿首　四月初二日　第十号

【3】1910年8月27日

惺翁、梦翁钧鉴：接惺翁六月二十三日第二十四号信。敬悉一切，谨条复于左。

一、六月二十日信已先到，另复。《教育世界》《西洋各国学制》各页亦收到，谢谢。寄信报清单，另注附还。

二、旷班人多，应请婉为陈述。今年市面大坏，本馆被累情形，务望同人极力振作，可稍补救。公司受亏，凡在公司之人亦必受亏，旷班过多亦公司受亏之一端。以后公司恐难于受亏太甚。望乞同人共谅此意。

三、图书馆事为难竟至于此，殊非初意所及。所失所缺之书，应请星翁及在事之人，实力查究。现在无人办理，惟有实行封锁，俟弟归来再行想法。原欲求便同人，而不料事有出我意外、不能如我之愿者，实在无法。弟尝询所到之图书馆之管理员，据云缺书事极少，而我国竟如此。真为可叹！

四、寄回明信片两张请转交汪仲翁①。

五、现托人寄回木箱一个，内以书籍为多。凡系弟私购及他人所送者，均标明“菊生”字样，均请检出饬送敝寓。其不标字者均为编译所代购，即祈另行登册。除英文书请邝②、徐诸君阅过，需用留出外，余请一律封存，以便弟归沪时再行检点。法文书有可译者否？试询加藤君③。又箱内附有纸盒大小三个、木盒一个、画两幅一捆、纸包五个又一个、纸卷一个，请饬送敝寓。西洋各国学制若干页请交伯鸿兄④收还。又纸卷一个，内系各分馆比较表，请察存。

---

① 汪仲翁：即汪诒年（1866—1941），字颂阁，号仲谷。浙江钱塘人，汪康年之弟。曾协助其兄办报，后任商务印书馆交通科科长、校史处负责人。张元济在信中尊称其为“仲翁”。

② 邝：即邝富灼（1869—1938），字耀西、曜西。广东台山人。先后在美国波莫纳学院、加州大学伯克利分校、哥伦比亚大学学习，获文学和教育学双硕士，1907年赐游学毕业进士。1909年进商务印书馆，曾任英文部主任。

③ 加藤君：即日本人加藤驹二。曾任日本文部省读物监督和监学，1903年后被商务印书馆引进作为编写小学教科书的顾问，曾当选为商务印书馆董事。

④ 伯鸿兄：即陆费逵。

又明信片《孔林》若干套，因欲减省行李，不便携带，故寄还。又附去盲人打字机发票一纸，请代收存（收到时请代存），该物到时如须估价纳税，即请将此发票交去为凭，并乞预先关照发行所需用来取，勿先送去，以免遗失。琐事奉渎，惶悚无地。

再，弟明日起程赴莱比锡，约四五日句留，即赴德来司登[①]、维也纳、布达佩斯等处。贱体甚健，并纾绮廑。再在柏林约看学堂有三十处，实非他国所及。凡剃头、扫街、送信、卖肉之徒，均有特别补习学堂，就其所业而教之。其教送信之人，即教以邮政之事；教铁店学徒，则教以铁之历史；教鞋匠，则教以人足之构造及皮革之种别及应用之法。此仅就弟所亲见者言之。凡分门一百有二，即柏林一区，在柏林之中心，学生有三万三千人，岁费一兆马克，能毋令人惊讶。至盲哑学堂之外，又有顽钝学堂与残废学堂。城市学堂之外，又有山上学堂、林中学堂，真有观止之叹。归国之后当纂述成书，敬求教正。兹不详述，即请台安。

弟张元济顿首　七月廿三日　第廿四号

亚翁均此致意。惺翁因资政院召集赴京，务乞偏劳为叩。同人均此问候。

---

① 德来司登：今译“德累斯顿”。

致高凤谦的信（2封）

【1】1910年5月26日

梦旦吾兄大人阁下：奉三月廿七日第七号手书，敬悉一切。谨条复如左。

一、欧美新出机器甚多，详致发行所第十号信。来示言去年印书太少，不敷今春销路，且代印甚忙，云云。鄙意本馆宜改用新式机器（指排订言，洋装一部几于全不可用，宜多添），逐渐将旧机售去，新机抵补，则如有要书可以克期出版。平时不必印存过多，免致危险。且印装均用新机，必能格外出色，则代印之事亦可推广。本馆营业将来恐不能全恃教科书，必须办到仅仅代人印刷亦能支持，方为稳固。想尊见亦以为然也。

二、长沙乱事本馆未受大损，殊为幸事。惟将来或他处总恐难免。此事实无预防之策也。

三、孙星如先生所编地理读本，弟近来常常捧诵，实系佳制。鄙见图书馆究属形式上之事，星翁主持未免大才小用，似可仍请专意翻译，于本馆较为有益，伏候卓裁。（以余力办图书馆亦只能持其大纲，不可躬亲琐屑。）

四、《教育杂志》销路既增，势力必随之而长，亟宜以全力经营。弟见外国各种营业，无不悬赏，其方法种种不一，鄙意似可多办。

五、《古今文钞》得竹庄先生经理，必能整饬。宁可展期出书，不可草率付印。前函已屡言之。想公亦表同情也。

六、师范讲义发起人如各省教育会会长及师范学堂监督似可请其出名。

如陈介石①、徐班侯②、唐蔚芝③诸人亦可相约。陈、徐两君，可请惺翁转约。如与徐不熟，可用弟名具函相招。唐蔚芝稍缓，弟当致讯并提及，请其径复编译所可也。

七、会典事已与《太晤士报》④馆商议，渠颇欲做此贸易。详致发行所第十一号信中，乞裁核示复。

八、辞典事只可偏劳炜士先生。公有余力方能兼顾。即续聘诸君均能有力，自可不必过于照顾。只须持其大纲，遇有紧要之处，费一、半日之讨论可也。

九、任公⑤所著则政之书，如书中无关碍之处，似不妨用本馆名义。若议论与《国风报》相同（已见于该报论说之内），则购者恐不能多，以不印为是。

以上答复来示（本月十二日寄上第十二号信，未知已到否）。

十、前有一函，请惺翁速赴峨利生⑥医生处（即柯医生⑦故居），请其将被伤之腿部位情状详细开一清单，速行寄来。以便在此与柯君设法定制辅助行动器械等语，甚盼见示。

十一、伦敦现有印刷赛会，三年一举。弟现在爱尔兰。稍缓数日即返伦敦。拟在彼研究数日。

十二、昨日寄粹翁十一号信，请其于股票交易结帐后即由西伯利亚铁路来游欧美。弟拟在柏林候之。此事有数利：一、欧美印刷新机极多。弟在此已费考求，得粹翁来此便可定购。二、与欧美各书店直接联络。三、需用各种原料可以廉便之法选购。弟与粹翁同在此间，可以商定以上各事。若彼此独行，个人之阅历增而公司之裨益少，且粹翁股票贸易既了，即行远离，于伊私事亦有便利。总发行所有翰翁主持，亦可放心。弟等十月或十一月总可归来，

---

① 陈介石：即陈黼宸（1859—1916），字介石。浙江温州人。光绪年间进士，曾任户部主事、京师大学堂教习、北京大学教授。

② 徐班侯：即徐定超（1845—1918），字班侯。浙江温州人。光绪年间进士，曾任户部主事、监察御史，晚年任浙江通志局提调。

③ 唐蔚芝：即唐文治（1865—1954），字颖侯，号蔚芝。江苏太仓人。国学大师、教育家。光绪年间进士，曾任户部主事、商部左侍郎，担任无锡国学专修学校校长。

④ 《太晤士报》：即英国大报《泰晤士报》（*Times*）。

⑤ 任公：即梁启超（1873—1929），字卓如，号任公。思想家、政治家、教育家。

⑥ 峨利生：（？—1911）。丹麦医生，清末来华行医，1911 年受中国红十字会派遣到湖北武汉辛亥革命战场救治伤兵，积劳成疾，不幸去世。

⑦ 柯医生：即柯师太福医生（Dr. Stafford M. Cox，？—1925）。本为爱尔兰人，英国名医。他拥有内科学博士学位，1900 年来华行医，曾任上海海关医官、中国红十字会总医院总医生兼学堂教习，参加过武昌起义战地救护工作。在 1910 年张元济环球之旅中，他同船随行（即《环游谈荟》中提到的“同行英友”），直到他回爱尔兰时两人才分别。

于年关仍可帮忙。请公力劝并于定局后电示行期，以便弟可预备。

元济顿首　四月十八日　十三号

【2】1910年（具体日期不详）

再密启者，惺翁十六号来信，似与吾兄意见稍有参差。惺翁尽可当面直言。然既不与吾公面言，而告之于弟。弟又复隐而不言，决非彼此共同办事之道。且吾公之爱护公司比他人为尤挚。惺翁所言各节，度公必有不得已之故。惺翁既不深言，故公亦未告之耳。然惺信有假弟归方去之语，似已竟怀退志。则在馆已久，诸事渐熟，吾辈失去一帮手，颇为可惜。因以上种种之故，且知公决非闹意见之人，故弟敢将惺言转告。尚祈察核。应如何与惺翁消融之处，公必能善为应付。惟千万勿露痕迹，俾免再生枝节，至祷至祷。又陵[①]来信，大不以粹翁自营私业，致损公司为然云。到沪与公及苏庵[②]筹商善后之策，弟复去一信，请阅后转陈。

再惺翁信中有"一律暂留"之语，则可作为函商于弟，复信到迟，故暑假前不能发表，似亦无碍。杨君思慎由公出面，弟亦知有所为难，薪水甚微，留用并无大碍，惟惺翁既有不惬之意，似不能不稍与周旋，请仍与惺翁裁决为幸。

---

① 又陵：即严复（1854—1921），原名宗光，字又陵，后改名复，字几道。福建侯官人。翻译家、教育家。先后毕业于福建船政学堂、英国皇家海军学院，曾任北洋水师学堂总办、复旦公学校长、京师大学堂译局总办、北京大学校长。民国后曾位列"筹安会六君子"。大力提倡西学，翻译《天演论》《原富》《群学肄言》《群己权界论》等西方名著，系早期商务印书馆的重要译者。

② 苏庵：即郑孝胥（1860—1938）。字苏戡、太夷，号苏勘、苏庵。福建闽侯人。政客、书法家。曾任内阁中书、广东按察使、湖南布政使等职，1932年任伪满洲国总理大臣兼文教总长。曾任商务印书馆董事长多年。

致沈曾桐的信（1封）

【1】1910年6月24日

子封[①]老前辈大人阁下：春间道经羊城，获聆教诲，欣幸无似。别后海程一月有半，始达英伦。其中以印度洋为最平稳。每日登船头，观飞鱼游跃，向晚日落，余霞成绮，尤为奇景。入红海后，气候极凉。渡苏彝士时，夜半须披重裘，迥异乎昔之所闻也。欲至开罗不果。在坡赛[②]登岸，道茀不可行，知埃及之不国矣。地中海无异大洋，欧人谓波蓝天蓝，其语诚信。过支布洛达[③]适当夜半，然两岸灯火相望，偷渡不易。英人设险守国，真不可及。舟出大西洋，经比司开海湾[④]，波涛极恶，然元济起居一如常时，亦大幸事。先绕道至荷兰，抵安蒙士达丹[⑤]。舟行运河间，凡九十里。舟人云四十年前此运河之地皆海也，今皆为腴田矣。友人谓荷兰人能造造物所未及造成之地。荷兰人闻之，亦甚自负也。至海牙游一故宫，中藏吾国绣货、雕器极多，云系纯庙赠彼国君者。荷兰通中国最早，事当不诬。访平和宫[⑥]，版筑方兴，未能入观，殊以为憾。到伦敦后不数日即遇英王之丧。先一日元济偶经其宫门，见民人之踵门问疾者，络绎不绝。医官频频宣布病状，闻一凶讯，则嗟叹之声相续。立宪国君民之相亲固如是乎！彼方国丧，游观不便，故先往爱尔兰。爱岛故号贫瘠，然其都城

---

① 子封：即沈曾桐（1853—1921），字子封，号同叔。浙江嘉兴人。光绪年间进士，曾任湖北考官，列名为强学会发起人。时任广东提学使。

② 坡赛：即塞得港。

③ 支布洛达：今译“直布罗陀”。

④ 比司开海湾：今译“比斯开湾”。

⑤ 安蒙士达丹：今译“阿姆斯特丹”。

⑥ 平和宫：即和平宫（Peace Palace），位于荷兰海牙市郊，建于1907—1913年间。现为海牙国际法庭所在地。

之大学有学生至千二百人，贝尔法士[1]某船厂能造世界最大之舰（济曾往观，闻能载重四万五千吨），则亦未可轻视。英行强迫教育仅二十余年。元济专考其初级教育之事，乃知仅言兴学，学固不能兴也。财政、警察、交通，无一事不相联者。未知何日吾国始能几及，为之浩叹！旬日后即赴比国，观博览会，然后至瑞士避暑。天气稍凉，尚欲至罗马一游也。拉杂书此，言不尽意。敬承起居。

馆侍生张元济拜　宣统二年五月十八日

① 贝尔法士：今译“贝尔法斯特”。

致夏瑞芳、高凤池的信（1 封）

【1】1910 年 8 月（具体日期不详）

粹方、翰卿[①]仁兄大人阁下：本月十七日寄上第廿一号信，计已先到。昨日奉到第十三号手书，谨悉一切。此信并未二公签字，想书记缮就未呈二公复阅即发，故语多敷泛。弟捧读之下，殊为失望。谨逐奉答，并将所疑复询如左，祈鉴谅为幸。

一、五月廿九日弟寄奉之机器样张及估价清单等件，来示既称收到，何以不答一字？

二、朗曼书店[②]寄售事，弟之意见与二公不同，已详第十九号信中，兹不赘述。弟寄去第十七号信已经剖言寄售之不无裨益，即二公另有高见，何不详细指示，以指我迷。仅以“并无实在益处”六字了之，殊为怅望。来书又称伊书不甚畅销，不如翻印。伊书较为有望，既不畅销，何必翻印？然可曲为解释，谓今年不畅销，与订合同之后，忽然畅销，可以翻印，然我已允其不翻印，未免吃亏。如此说法，理亦可通，但翻印西书之事，弟与粹翁屡次商量，总多顾忌，粹翁当能记忆。故弟亦以为以后英国出版之书，未必注重翻印。来英之后，特与各家商量，而不知近来公司又注重在翻印一面。弟意翻印之事究系冒险，一恐搁置成本，二恐租界西官偏袒洋商，华官不能保护。思之再四，终觉未妥。且翻印亦只能择要，其余未翻各种仍须采买，则何如为彼代售，照寄售办法，卖出付价，全无责任之稳当乎。且学部奏定，以后科学用外国文字者一律改用英文。不见［知］二公已见此奏否？弟则在外国已见原奏矣。今年销书报告洋书销路较去年为多，未始无因。究竟所销多系何书？

---

① 翰卿：即高凤池（1864—1950），字翰卿。上海人。商务印书馆创办人之一，曾任发行所所长、董事、总经理、监理等。张元济在信中尊称其为“翰翁”。

② 朗曼书店：即英国朗文出版社（Longman Publishers）。

望祈详示。此时务宜预先着手，以免落后。望再与梦翁、锡翁[①]详细筹商为幸。朗曼合同弟一时不欲交还，如彼此意见不能终合，俟弟归后，当面再行讨论可也。

三、前翰翁来信言，印刷太忙，拟添新机以免错失机会云云。此时未知已否购定？如尚未购定而尚有力可以添购，似不宜迟。弟所访得之新机似较本厂现有者为胜。去函屡次声明，切勿以“俟弟归后再商”一语以为推宕之计。何以二公及印刷所诸君总不决定？至于谓弟已与各厂浃洽，将来可以直接，此语太觉敷泛。所谓浃洽者，不过厂在何街，管事为何人，可以直接通信而已。至于机器，一切情形非面谈不可，即面谈犹恐未必明白。弟于机器本非内行，归国之后不免模糊，无以承诸公之问，乞谅之。此次为公司调查一切，全付东流，未免可惜。第十九号去信，言之较详，兹不赘述。

四、寄来谦伯尔[②]书籍销数清单，谓该店出版《廿世纪读本》。如该公司能照此折扣可再贱，则请酌量多定若干云云。信中又无一语及此，似写信之人与开清单之人全不接洽。且弟亦岂能凭空代定书籍，将来到伦敦代问则可。尚祈见谅。

五、美国Ginn书店[③]来信谈及本馆翻印伊书之事，俟邝君[④]归沪再行抄寄。函文敬悉。惟第十七号去信，尚请抄示英美商约，关于版权条文（要西文），何以绝不见答？又请编译所查已经翻译及改订之书清单，又请问编译所以后改订之书是否续办等节，何以亦不见答？又奈尔逊[⑤]书款托我处代彼翻译印刷，发行伊书，弟亦附陈私见，何以亦不见答？彼此共办一事，即弟所陈请有不妥当之处，亦宜开诚布公，切实解释。诸公竟置诸不理，殊为失望。

六、七月初六日来电，属弟转电柳溪[⑥]云云。电文原不能详言，何以来信绝不陈述。此事之内情，及现在之办法，与夫发见此事之缘因，本馆之何以见摈，乃仅将电文又复述一过，真令人闷煞！

---

① 锡翁：即印有模（1863—1915），字锡璋。上海嘉定人。近代实业家。曾任商务印书馆董事、总经理。张元济在信中尊称其为“锡翁”。

② 谦伯尔：即英国钱伯斯出版社（W. & R. Chambers Publishers），位于爱丁堡，创办于1819年。主要出版参考书，以《钱伯斯词典》（*Chambers Dictionary*）著称，《廿世纪读本》（*Twentieth Century Readers*）也是其著名出版物。

③ Ginn书店：即美国教育出版社经恩出版社（Ginn & Co.），也称金恩出版社，其在中国西书市场上与商务印书馆先有竞争后有合作。

④ 邝君：即邝富灼。

⑤ 奈尔逊：即英国出版社纳尔逊公司（Thomas Nelson Publishers），创办于1798年，其美国分部现发展成为美国著名大众出版社、世界第一的宗教出版社。

⑥ 柳溪：即李家驹（1871—1938），字柳溪。旗人，生于广州。1894年中进士，曾任京师大学堂总监督、驻日公使、学部左侍郎、资政院总裁等职。

七、包君致伦敦 Educational Supply Association 信，系向该店取目录，并询折扣办法。大约此信二公亦未过目（并未封口），原信另注明，指其来信不合之处。尊处第十三号来信明言已收到该店目录，亦已交去，又折扣办法已于第十五号去信中将该店来信并折扣办法附去，何以教育彝器竟未……

（下缺）

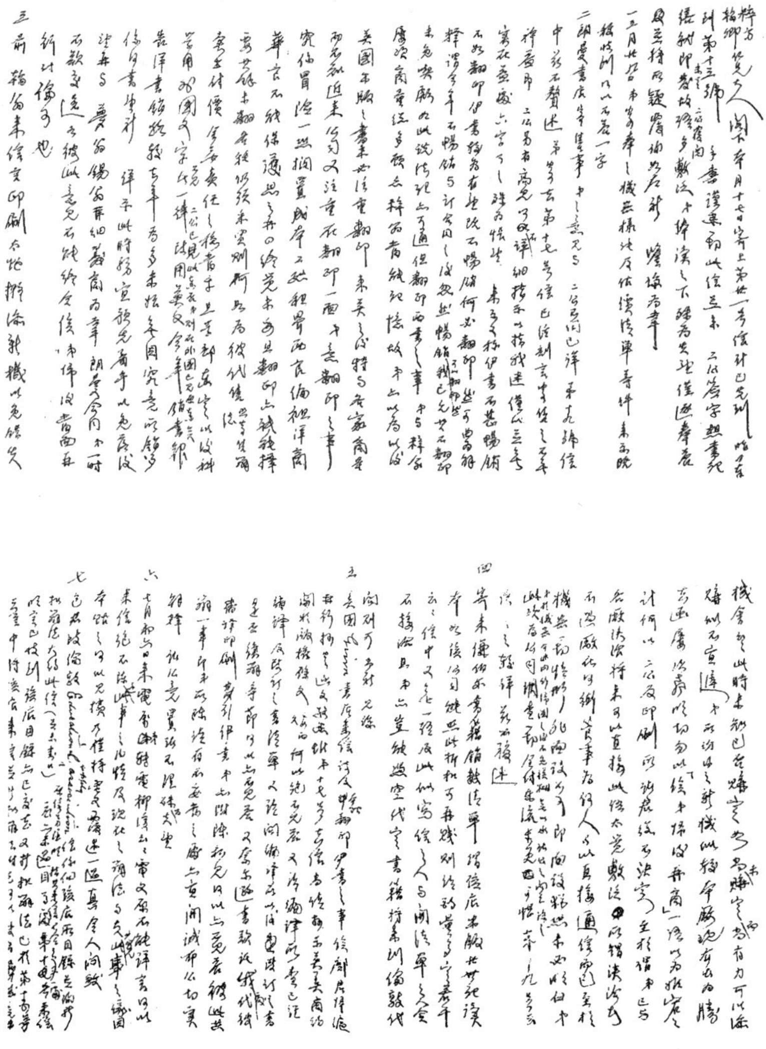

张元济致夏瑞芳（粹方）、高凤池（翰卿）信

致郑孝胥、印有模、高凤池的信（1 封）

【1】1910 年（具体日期不详）

苏庵、锡璋、翰卿仁兄大人阁下：得梦翁信，知沪上钱庄相继倒账，本公司被正元等家倒欠共有七万之数，为之惊骇不置。又闻粹翁为正元调票，致被波累，有六万之巨。粹翁为人心肠太软，面情过重，因此不免举措失宜，又不肯听弟言提早出洋，致被牵累，殊为惋惜。梦翁传述翰兄谕令弟速归，极为［应］遵办，但有为难之处，已托梦翁转达，务祈鉴谅。今将鄙见奉陈如左，并祈察核。

甲、对于公司宜示外人以镇静，而自己宜竭力筹备一切办法，宜主收束，不知市面坏至何等地步也。公司有款，分布各庄，宜取其最有信用者，否则无宁不存，即存亦宜定一限制。鄙意每庄最多不得过五千元。有余宁存入外国银行，息虽薄，终甚于被倒也。鄙见如是，不知诸公以为何如？

乙、对于粹翁，此次尚为正元调票，不免从井救人，弟谓粹翁如驶顺风路船，如饮酒过醉，往往不能自主，殊为危险。从前本公司办事，不能尽按法律，致粹翁屡为外界牵累，公司亦大受影响。以后宜按照法律，及严定办事权限，保全公司，亦正所以保全粹翁也。有未详者，均已为梦翁言之，即请梦翁转述。

（下缺）

致梁诚的信（1 封）

【1】1910 年 8 月 25 日

震东[①]老哥大人阁下：昨恳尊处代备谢信数函，仰蒙俯允，曷胜感荷。兹将清单及应如何措词之处开列纸背，伏祈察核，转请贵馆书记代缮洋文信件，弟拟于明后日趋前签名，再行缄发。又，商、外两部，弟未晤面，似应由尊处备函致谢，并候卓裁。专此奉恳，敬请台安。

弟张元济顿首　七月廿一日

请代写谢信：

一、学部高等官 Schwarzkapf，学堂已看毕，均承优待，谢其介绍，并辞行。回国后有事请教再通信。

二、学部参事官 Heuschen，同往观盲哑学堂，并承指示周详，谢谢，并辞行。回国后有事请教再通讯。

三、聋哑学堂监督 G.Wende，Kōniglichen Taub-stunsmen-Anstalt，Elsasser str 10—12。往观学堂，承优待，并赠书已收到，谢谢，并辞行。

四、盲学校教习长 Conrad，Kōniglichen Blindenanstalt，Steglitz。是日往观学堂，未见监督，承该教习长指示周详，并承赠照片及教盲生用品，谢谢，并辞行。又乞代谢校长。

五、感化院监督 Seiffert，会办 Grath。往观该院，极承优待，感不能忘。即日他适，专函致谢。

六、内部高等官，姓名应查外部照会（作者旁注：Schlosser，Brand Prav. Schul-u. Erzich-Anstalt，Strausberg）。往观感化院、图书馆，承优待，谢谢，并辞行。

又，商部介绍信签名某君未见
外部介绍各处　　似应由尊处致函代谢。

① 震东：即梁诚（1864—1917），字义衷，号震东。广东番禺人。时任清政府驻德国公使。

致伯希和的信（1封）

【1】1910年10月29日

伯先生阁下敬启者：前日承枉顾并偕往图书馆，俾得快睹敝邦古书，曷胜欣幸！承允代印阁下前在敦煌所影照片全分，至为心感。弟现拟请代影各卷子背面各种借券及地契、立嗣证书等，较为有用，可以参考敝国古代法律。至于敦煌照片，则祈阁下代选紧要者，代印数十张足矣（所有敦煌石室及该寺各片多印尤妙，壁上所画佛像不必多印）。倘蒙俯允，曷胜感谢。所有费用将来即由王君缴呈。函中恐有未详，仍乞王君面达一切。匆匆登程，恕不告别。敬颂

台祺

弟张元济顿首

九月廿七日

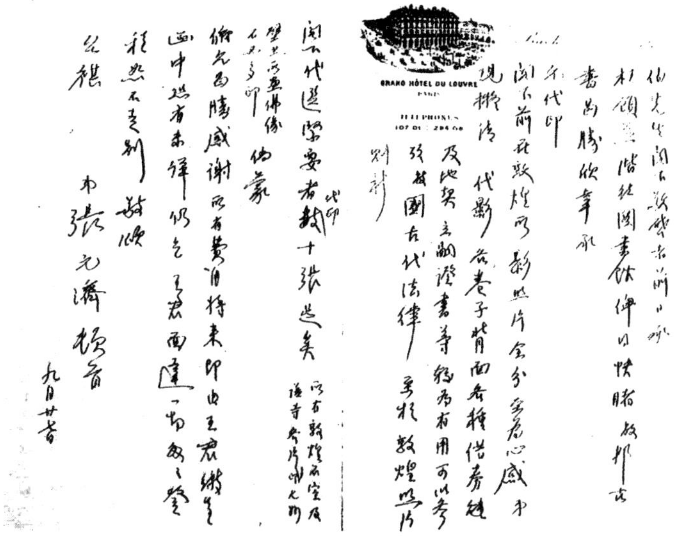

张元济致伯希和的信

致斯坦因的信[①]（1 封）

【1】1910 年 11 月 4 日

尊敬的斯坦因先生：

我急于希望一睹您在中国敦煌发现并保存于大英博物馆的中国古籍。我也迫切期待有幸认识阁下。

为此，我的朋友伊万·陈[②]特地为我写了一封介绍信。

从大英博物馆图书馆的小吉尔斯[③]先生处得知您不常去牛津，但事不凑巧，我已定于 9 日离开贵国，故时间紧迫。如果能蒙您的关照，安排我在您认为合适的时间和地点拜见您，这将对我是一个莫大的荣幸。

请允许我随信奉上伊万·陈先生的介绍信。

您的诚挚的

张元济

1910 年 11 月 4 日

---

① 原文为英文书写，现藏匈牙利科学院图书馆，系北京大学荣新江教授提供给张人凤先生，由张珑女士翻译。

② 伊万·陈：即陈贻范（1871—1919），又名宜范，字安生。江苏吴县人。清末总理衙门第一届同文馆出洋肄业，就读于英国牛津大学林肯学院。曾任驻英公使馆通译官、二等参赞，1907 年代办公使馆务半年，直至李经方接任，民国后任西藏宣抚史。

③ 小吉尔斯：即翟林奈（Lionel Giles，1875—1958），英文信中为 Mr. Giles Jr.，又译为小翟理斯。系英国著名汉学家翟理斯（1845—1935）之子，生于中国。汉学家、翻译家。1900 年进入大英博物馆工作，担任过助理馆长、东方图书与写本部部长等。曾将《孙子兵法》《论语》等译为英文。

原文：

Dear Sir,

I am anxious to see the collection of old Chinese books you discovered in the Tun Whang, China, which are now in British Museum in your charge, and more anxious to make your acquaintance.

To this end, my friend Mr. Ivan Chen has been good enough to give me a letter of introduction to you.

Mr. Giles Jr. of the Museum Library told me that you do not frequent Oxford and as I am leaving this country on the 9th just, and much pressed for time, I should deem it a great favour if you would kindly let me have an opportunity of seeing you and also appoint such time and place as best suit your convenience.

I beg to forward you enclosed here with Mr. Ivan Chen's letter.

Yours faithfully

Chang Yuan Chi

附：

陈贻范给斯坦因的信（1910 年 10 月 30 日）[①]

亲爱的先生：

关于您在敦煌（Tun-Whang）的发现，您曾在伯灵顿宫（Burlington House）发表了那次有意义的讲演。也许您还记得，当天晚上，在皇家地理学会（Royal Geographical Society）为了向您表达敬意而设的宴会上，我们已经见过面。您也许记得我们还见过一次面呢，那是在我的亲密朋友乔治·马继业先生（Mr. George Macartney）来到中国学会（China Society）的当天晚上。马继业先生那天晚上在中国学会就喀什噶里亚（Kashgaria，南疆）发表了极有教益的演讲，而您好意地主持了那天晚上的讲演会，从而使中国学会感到荣耀。

① 引自《斯坦因与陈贻范交游考》（王冀青著，载于《南京师范大学学报》（社会科学版）2007 年第 4 期）。该信附在张元济 1910 年 11 月 4 日给斯坦因的信中。现由兰州大学王冀青教授从英文译出，原件藏在匈牙利科学院图书馆，由北京大学荣新江教授提供照片。

请允许我现在以这两件事作为我的借口，冒昧地向您介绍我的朋友张元济先生（Mr. Chang Yuan Chi）。张元济先生是一位优秀的中国学者，当他得知我在前文中提及的那些发现时，他便对那些发现物产生了极大的兴趣。如果他能够获得一次机会，能亲身去结交您这位伟大的中亚考古学探险家，那他将会把这次机会视作莫大的愉悦。

请原谅我的这次冒昧举动。先生，我是您诚实的陈贻范（Ivan Chen）。

致梁启超的信（1封）

【1】1911年1月28日

任公同年：到神户，获相见，甚幸。蒙以盛筵相饷，尤深欣感。先是邮船会社告以丹波丸次日抵门司即行，故匆匆登程，不克与公作竟夕谈。讵舟抵彼处，仍下碇逾日，兀坐舱中，殊可恨也。抵沪旬日，碌碌鲜暇，昨始将委估《国民常识》印售价格详细勘定，别录一纸呈览。鄙意似用华装为便，本轻则价廉易售，庶与尊旨相合。所拟草案未审尊见以为何似？第六款云云，对于我公本可不设，惟公司为公共营业，虽事实所必无，而契约中势不能不载，尚祈鉴核。附去版权共有章程一纸，系专为普通者言，尊处系用特例，其与草案抵触各条，自不适用。其他如尚有不合，尽可裁订见示。再敝馆明正拟发行《政法杂志》[1]，月出一册，冀以普通政法知识灌输国民，拟乞大文一二首，冠之简端，以增光彩。倘蒙俯允，酬报之数惟命是从。弟与梦旦归国时，海中无事，编有《选举图》，筹借新年游戏之趣，为补助教育之用。谨各寄呈一分，伏祈教正是幸。肃布。敬颂岁禧。

年小弟张元济顿首　十二月廿八日

梦旦附笔问讯。

---

① 《政法杂志》：即《法政杂志》，1911年3月在上海创刊，商务印书馆总发行。林长民等发起，陶葆霖主编。1915年年底停刊。

致汪康年的信（1封）

【1】1911年3月23日

穰公[①]同年：不通音问已年余矣，去岁出洋为环球之游，至腊月中旬始返沪。闻贵体违和，频就令弟仲兄[②]处询问，知迩来渐臻康复，欣慰之至。归国已两月，俗事纷集，竟无寸晷之暇，未尝以一纸通讯，乃仲兄传语，先承慰问，感悚无极。《刍言报》于去冬过日本时在伯唐[③]同年所即已捧读。窃叹两三年来中国报界堕落极矣。起衰之责匪我公莫属。返沪以后复蒙颁赐一分。每寄到，无论何时必亟展读，且不尽读不已也。年来胸有所蓄，无自吐露。公乃一一为我发挥，正如我意中所欲言者。天下快事宁复有逾于此者乎！间有十之一二，所见不尽相合，则以公稍偏于旧派一面，然亦非要点也。今日读二十八号一纸，末幅言及吴氏《三礼疑义》。弟于前年搜求古书，购得张金吾诒经堂《续经解》清稿百数十册，此书在内。惟三礼均有残缺（所缺尚不多，钱塘丁氏亦有残本，但只有《周礼》《礼记》两种，且残缺较弟所得者为多。其为弟处所无。而丁氏所有者，《周礼》只八卷，《礼记》三卷而已。今不知此书尚存江南图书馆否？暇日当往查）。嗣偶遇湘人王君（礼培，湘潭人）来沪售书，携有《礼记疑义》一册，亦抄本，曾为张月霄所藏

---

① 穰公：即汪康年（1860—1911），字穰卿。浙江钱塘人。著名报人。光绪年间进士，曾任内阁中书。先后创办《昌言报》《中外日报》《京报》《刍言报》等。张元济在信中尊称其为“穰公”。

② 令弟仲兄：即汪诒年，因其号“仲谷”而来。

③ 伯唐：即汪大燮（1859—1929），浙江钱塘人，字伯唐、伯棠，汪康年之堂兄。举人出身。曾任内阁中书、户部郎中、总理衙门章京、留日学生监督、外务部左参议、出使英国大臣、邮传部左侍郎、驻日公使等职。民国后历任教育总长、交通总长、外交总长、财政总长、国务总理、中国红十字会会长等职。著有《英国宪政丛书》《分类编辑不平等条约》等。

者。弟欲购之，渠又不允，但允代钞，且云其他两种已归他人，然借钞亦不难，即先付写资若干，并刻格纸寄去。今已年余，杳无消息。日内有人赴湘，尚欲一追其究竟也。知公拳拳于此，故及之。仲兄又传谕，问弟去年在巴黎看伯利和[①]所得敦煌古书，曾否钞得目录。彼时本欲录存，无如法国国家十分郑重，不许常人观览。弟由公使馆介绍，特别许可，且由伯君伴往，跬步不离。重房密屋，光线甚乏，而伯君又匆匆欲行，故只能略观大概，而弟亦以行期太迫，不能再往。因晤伯君，知英人某[②]先彼至敦煌，所得亦甚富。到英访得，亦入国家图书馆矣。其珍密一如法人。四部不如伯君多，而佛经及其他古物，则远过之。其四部书亦已商妥，将来亦可影照也。《民立报》载弟演说词，错太多。现陆续将所记录写出，刊入《东方》及《教育》两杂志中，当邮呈诲正。春寒，千万珍卫。

弟张元济顿首　二月廿三日

---

① 伯利和：即伯希和。

② 英人某：即斯坦因。

Loreryar Iferral Coriui[①] 致张元济的信

【1】1911年5月12日

闻公已返国，无任欢忭。公之重视吾罗马也如此，仆不胜感谢。以公果毅勤奋，故贵政府以考察属公，仆不过聊尽襄助之微力，而公乃齿及之，是益令仆不胜其感谢矣。罗马今日方举行意大利政治改造五十年纪念。强迫教育（原文作“与无知识者战争之法律”）之法律及蒙小学堂大概章程之法律，仆所以未寄者，缘尚未发表故也。

此项计划为下议院所赞许，而上议院则颇加更改，是以现在尚须发还下议院复决也。现正在发还中。待此律一出，当立即寄奉。

罗马地方自治局章程在二年前举定卫生、医官特立章程，注重于学校卫生。现时所行者为暂章，然各医官就经验所得，已有意于订成一种定章矣。此项章程只须一定之后，仆不俟其发行，即当寄上一份也。

小儿之病承大君子之关怀，仆真不知何以为感谢也。小儿现已甚健，阖舍均安。仆深望公与宝眷亦甚康胜，并祝久以文明著称世界之贵国将来有无穷之荣光也。

Loreryar Iferral Coriui 1911年5月12日，于罗马

---

① Loreryar Iferral Coriui：意大利人，教育官员。来信为英文，附有毛笔书写之译文，何人所译不明。张元济于译文末批注：“请代复：贵国强迫教育及学校卫生章程将来发表时，务祈寄交敝国在罗马使署，感谢之至。又敬赠丝绸一包，聊表微忱，祈哂纳。”

致陈鸿周的信

【1】1911 年（无具体日期）

渭渔[①]仁兄大人阁下：前展惠书，有稽裁复，瞻言雅望，思与歉俱。比维文祉绥和，潭祺安吉，至颂为慰。弟于去春有环球之行，自欧而美，稍就各国教科实地考察，其余政治、风俗，则耳剽目击，感触弥多。途次亦尝略有记述，而归时适已岁晚，俗尘坌集，摆布未遑，迄未得闲诠次，碌碌可想，殆未足为从者告也。羽鳞有便，尚祈频惠德音，为荷。专此。敬请台安，惟希爱照不具。

愚弟张元济顿首

① 渭渔：即陈鸿周（1867—1948），字渭渔，后改演周。浙江平湖人。曾任福建候补知县、学务公所主任科员等。

致陈宝瑨的信

【1】1911年（无具体日期）

仲勉[①]年伯大人阁下：远睽骏采，久阙鱼笺，每企芝楣，恒殷苔篆。恭维簪裾缉祜，履缋绵庥。延和气以当春，迓恩光而捧日。吉占福曜，颂洽愉忱。侄于去年二月间自备资斧，请咨出洋，先及西欧，忘风尘之苦，次经北美，由日本而归。环行一周，糜时十月。愧鸠愚之碌碌，留鸿印以匆匆。粗有见闻，尚迟记忆，知不足为左右告也。即祈频锡箴言，藉资韦佩，是所企祷。耑此。只请台安。诸维朗照，不备。

年愚侄张元济顿首

① 仲勉：即陈宝瑨（1849—1933），字仲勉。福建闽县人。光绪年间进士。曾任云南曲靖知府等。

新闻报道

中国教育品在比京博览会得奖

比京万国博览会初级评奖已竣。中国会场共得超等奖评十余件，若丝，若茶，若瓷器，若绸缎，若绣货之类，皆超等也。此外，零星赛品得头二三等奖评者尚多。在政府方面，则陆军部、学部、邮传部皆得超等奖评。学部所以得奖者，因本社及商务印书馆寄往各省学堂图片，其中官立学校不少，故亦与邮传、陆军两部一同赠奖。并特别赠一头等金牌于张菊生参议，则以其代表商务印书馆也。

（原载《教育杂志》1910年第10期）

张元济从欧洲抵达纽约[1]

纽约，11 月 18 日——如果中国教育部[2]官员张元济（Yuan Chi Chang）的设想能够实现，中国就能接受强迫教育制度。他刚从欧洲抵达此间。

（原载 1910 年 11 月 18 日《布法罗商报》）

原文：

New York, Nov. 18.—Compulsory education is to be adopted in China if Yuan Chi Chang, secretary of the Chinese board of education, who has just arrived here from Europe, has his way.

（*The Buffalo Commercial*，Nov. 18, 1910）

---

① 原新闻无标题，为编者所拟。

② 教育部：即当时清廷学部。

中国官员莅美考察我国教育制度①

将建议在中国推行强迫教育制度

中国政府特派考察欧洲国家及美国免费教育制度的官员张元济先生，昨日乘北德劳埃德公司的乔治·华盛顿号轮抵达此间，他在码头受到驻纽约中国总领事杨先生及数位中国商界人士的欢迎。张先生是教育部和外交部②的官员。

张先生说："我过去半年在欧洲访问，已经获得大量有关教育制度的资料。我将在美国逗留数周，考察这个国家的初等学校制度。我已经决定，当我下月回国之后，将建议至少在初等学校实行强迫教育制度。"

张先生下榻曼哈顿酒店。他几天之后将前往华盛顿。

（原载 1910 年 11 月 26 日③《纽约先驱报》）

原文：

Chinese Official Here to Study America's Educational System

Will Recommend That a Compulsory System of Education Be Established in the Flowery Kingdom

Mr. Yuan Chi Chang, an official of the Chinese government especially assigned

① 原文及译文均来自浙江省海盐县张元济图书馆，本书编者对译文进行了少量改动和补充。

② 外交部：即当时清廷外务部。

③ 此处日期存疑，从内容看，应与 1910 年 11 月 23 日《盐湖城电讯报》的报道时间相似，但暂时无法找到原报纸查证。

to the work of studying the free educational systems of European countries and the United States, arrived here yesterday on board the George Washington, of the North German Lloyd line. He was greeted at the pier by Mr. Yung①, the Chinese Consul General in this city, and several Chinese merchants. Mr. Yuan② is secretary of the Borard of Education and secretary of the Department of Foreign Affairs.

"I have passed the last six months in Europe," Mr. Yuan said, "and have gathered much information regarding educational systems. I shall be in the United States several weeks studying its elementary school system. I already have decided that when I return to China next month I shall recommend a compulsory system of education at least in the elementary schools."

Mr. Yuan went to the Manhattan Hotel. He will go to Washington in a few days.

(*The Herald,* Nov. 26, 1910)

① Mr. Yung: 应为 "Mr. Yong" ，此处有误。

② Mr. Yuan: 应为 "Mr. Chang" ，此处有误，以下同。

中国人调研我们的教育体系①

纽约——中国政府特派考察欧洲各国和美国免费教育制度的官员张元济先生已抵达此间。他在码头受到中国驻本市总领事杨先生（Mr. Yung②）和几位华商的欢迎。元先生③是教育部和外交部的官员。

元先生说："我过去六个月在欧洲考察，已经获得很多关于教育制度的资料。我将在美国逗留数周，考察这个国家的初等学校制度。"

元先生几天之后将前往华盛顿。

（原载 1910 年 11 月 23 日《盐湖城电讯报》）

原文：

Chinese Studying Our School System

NEW YORK.—Mr. Yuan Chi Chang, an official of the Chinese government especially assigned to the work of studying the free educational systems of European countries and the United States, has arrived here. He was greeted at the pier by Mr. Yung, the Chinese consul general in this city, and several Chinese merchants. Mr. Yuan is secretary of the Board of Education and secretary of the Department of Foreign Affairs.

---

① 此报道还载于 1910 年 11 月 25 日《奥史寇士报》（*The Oshkosh Northwestern*），题为"将要调研我们的制度（Will Study Our System）"。

② Mr. Yung：报道中有误，应为"Mr. Yong"。

③ 元先生：报道中称呼张元济为"Mr. Yuan"，应该是"张先生"（Mr. Chang），此处有误。

"I have passed the last six months in Europe," Mr. Yuan said, "and have gathered much information regarding educational systems. I shall be in the United States several weeks studying its elementary school system."

Mr. Yuan will go to Washington in a few days.

(*Salt Lake Telegram*, Nov. 23, 1910)

中国人参观少年法庭[1]

张元济到此取经
（《底特律自由报》专稿）

纽约11月22日电：今天，两名特殊的观察员考察了少年法庭（The Children's Court）事务。其中一位是中国北京公立学校的督学张元济，他被专门派来考察美国的教育和少年法庭制度；陪同他的则是清廷驻美国纽约副领事陆国祺。两人认真听取了怀亚特法官（Justice Wyatt）处置少年罪犯的做法。在庭审之后，首席书记官库尔特（Chief Clerk Coulter）详细讲解了该法庭的工作机制。

张元济被派到美国考察各地的少年法庭，少管所，养老院，为盲人、聋哑人、弱智者和伤残人士特设的学校，少年感化所和其他机构。去年10月，中国大理院（The Chinese Supreme Courts）刑科推事[2]参加在华盛顿召开的国际监狱改良大会（The International Prison Conference），在纽约做过短暂停留，有机会考察了其中的某些机构。正是因为他给中国皇帝提交的报告，眼前这位使者才被派来美国考察，以期在中国建立类似机构。

张元济表示，中国目前处理少年罪犯时遵照的是处理成年罪犯的制度，只是判罚往往相对轻一些。对少年罪犯进行审讯的，就是那些审讯成年罪犯的法官。如果少年罪犯被判入狱，将与成年罪犯同狱。在有些监狱里，两者是隔离关押的，有些则不然。

---

① 此报道还载于1910年11月23日的《华盛顿先驱报》（*The Washington Herald*）。

② 推事：此处指金绍城（1878—1926），字巩伯、拱北，号北楼、藕庐、藕湖。浙江南浔人。政府官员、画家。曾在英国伦敦国王学院攻读法律。回国后任大理院刑科推事、修订法律馆纂修官、民政部咨议官等职，民国后任江南查办使、国务院秘书、蒙藏院参事等。著有《十八国游历日记》《画学讲义》《北楼论画》等。

中国目前有两个少年感化所，其中一个在北京，另一个在香港。如果一个少年被送到其中的一个感化所，他会被无限期地关押其中，接受侧重于技艺的教育。张元济认为，在中国为处置少年罪犯建立一套完整制度，必然需要耗费时日，但他回国后一定马上启动此事。

随后他将从纽约前往华盛顿，然后是芝加哥。他对丹佛少年法庭（Denver Children' s Court）非常感兴趣，希望前去考察。他也会在考察过程中了解到的其他城市做短暂逗留，进行同样的考察。他也期待参观沿海城市的法庭和学校。

（原载 1910 年 11 月 23 日《底特律自由报》）

原文：

CHINAMAN SEES JUVENILE COURTS

Chang Yuan Chi Is Here to Study the Methods in This Country.

Special to *The Free Press*

New York, November 22.—Two interesting observers of the events at the Children's Court today were Chang Yuan Chi, the superintendent of the public schools at Peking, China, especially sent to the United States to observe the educational and Juvenile courts' systems, and his escort, Kno Chi Loo[①], the imperial Chinese Vice-Consul. The two followed with care Justice Wyatt's methods of dealing with youthful offenders. After the court session Chief Clerk Coulter explained in detail the work of the court.

Chang Yuan Chi has been sent here to travel all over the country to observe the Juvenile courts and children's societies, the homes for the aged and infirm, the schools for the blind, the dumb, the idiots and cripples, the reformatories for minors, and such institutions. The Chief Justice of the Chinese Supreme Courts was in Washington to attend the International Prison Conference held last October, and he stopped off in New York, long enough to see some of these institutions. It was on his report to the Chinese Emperor that the present emissary was sent with a view to the establishment of similar institutions in China.

The present system of dealing with youthful offenders in China is the same as

① Kno Chi Loo：应为“Kuo Chi Loo”（陆国祺），后文同。

that used for adults, Chang Yuan Chi said, although the sentences imposed are often slighter. Boy and girl criminals are tried before the same judges and[①] their elders, and if sentenced to a prison term are sent to the same penal institutions. In some of the prisons they are segregated, but not in all.

There are two reformatories for children, one in Peking and one in Hong Kong. If a child is sent to one of these he is kept there an indefinite period, and educated with particular attention paid to the arts. Chang Yuan Chi says that the establishment of a complete system in China to deal with juveniles will of course be slow, but that the start will be made shortly after he gets back.

From New York he will go to Washington, and then to Chicago. He is very much interested in the Denver Children's Court, and expects to stop there, with short stops in other towns that he will hear of as he progresses in his investigations. He also expects to see the courts and schools in the coast towns.

(*Detroit Free Press*, Nov. 23, 1910)

---

① and: 有误，应为“as”。

少年法庭之于中国[1]

张元济在纽约感悟少年教化制度

两名观察员昨天访问了此地的少年法庭，其中之一是香港和北京两地公立学校的督学张元济，他被专门派来考察美国的教育和少年法庭制度。另一名观察员则是中国副领事陆国祺。两人认真听取了怀亚特法官的做法。此后，首席书记官库尔特详细讲解了该法庭的工作机制。两位观察员还视察了少管所（Children's Society）的房间。此前，他们已拜访过盖诺市长（Mayor Gaynor）[2]。

张元济被派到美国考察各地的少年法庭，少管所，养老院，为盲人、聋哑人、弱智者和伤残人士特设的学校，少年感化所和其他机构。去年10月，中国大理院刑科推事参加在华盛顿召开的国际监狱改良大会，在纽约做过短暂停留。正是因为他给中国皇帝提交的报告，眼前这位使者才被派来美国考察，以期在中国建立类似组织。

张元济表示，中国目前处理少年罪犯时遵照的是处理成年罪犯的制度，只是判罚往往相对轻一些。对少年罪犯进行审讯的，就是那些审讯成年罪犯的法官。如果少年罪犯被判入狱，将与成年罪犯同狱。在有些监狱里，两者是隔离关押的，有些则不然。

中国目前有两个少年感化所，其中一个在北京，另一个在香港。如果一个少年被送到其中的一个感化所，他会被无限期地关押其中，接受侧重于技艺的教育。张元济认为，在中国建立一套全新制度必然需要耗费时日，但他回国

---

① 此报道还载于1910年11月29日和30日的《布法罗晚报》（*Buffalo Evening News*）、1910年12月2日的《华盛顿邮报》（*The Washington Post*）、1910年12月7日和12月15日的《方城时报》（*Quad-City Times*）和1910年12月11日的《夏洛特新闻》（*The Charlotte News*）等。

② 盖诺市长：威廉·杰伊·盖诺（William Jay Gaynor，1849—1913），1910年1月至1913年9月担任纽约市市长。

后一定立刻启动此事。

随后他将从纽约前往华盛顿，然后到芝加哥和其他城市。他对丹佛少年法庭非常感兴趣，希望前去考察。他也期待参观太平洋沿岸城市的法庭和学校。

（原载 1910 年 11 月 23 日《纽约太阳报》）

原文：

CHILD COURTS FOR CHINA

Chang Yuan Chi Is Here Getting Pointers for Juvenile Reform System

Two observers at the Children's Court yesterday were Chang Yuan Chi, the superintendent of the public schools of Hong Kong and Peking, who was sent to the United States to observe the educational and Juvenile court systems, and Kno Chi Loo, the Chinese Vice-Consul. The two followed with care Justice Wyatt's methods. Afterward Chief Clerk Coulter explained in detail the work of the court. The visitors also inspected the rooms of the Children's Society. Previously they had called on Mayor Gaynor.

Chang Yuan Chi has been sent here to travel all over the country to observe the Juvenile courts, societies for children, homes for the aged, schools for the blind, the dumb, imbeciles and cripples, reformatories for minors, and other institutions. The Chief Justice of the Chinese Supreme Courts was in Washington last October to attend the International Prison Conference and he stopped off in New York. It was on his report to the Chinese Emperor that the present emissary was sent with a view to the establishment of similar institutions in China.

The present system of dealing with youthful offenders in China is the same as that used for adults, Chang Yuan Chi said, although the sentences imposed are often slighter. Boy and girl criminals are tried before the same judges as their elders, and if sentenced to a prison term are sent to the same penal institutions. In some of the prisons they are segregated, but not in all.

There are two reformatories for children, one in Peking and one in Hong Kong. If a child is sent to one of these he is kept there an indefinite period, and educated with particular attention paid to the arts. Chang Yuan Chi says that the establishment of a complete new system in China will be slow of course, but the start will be made soon after he gets back.

From New York he will go to Washington and then to Chicago and other cities. He is very much interested in the Denver Children's Court and expects to see it. He will also visit the courts and schools in the Pacific coast towns.

(*New York Sun*, Nov. 23, 1910)

中国官员宣称“《先驱报》是最大的报纸”

中国教育部官员张元济先生现正奉派在我国考察教育机关。昨日，他来《先驱报》大楼访问，并视察了报纸制作的各个过程。陪同到访的有中国驻纽约总领事杨毓莹（Yong Yee-Ying）①、副领事陆国祺（Kuo Chi Loo），以及领事馆秘书沈先生。

在视察各编辑室及出版部之后，张先生就排版机器及用铅版印刷方法等方面提出了许多问题，还询问了巨大的印刷机每小时能印出《先驱报》的数量。

张先生说：“这真是了不起！我想《先驱报》是世界上最大的报纸。我在香港见过你们的记者，我环球旅行时在每个国家都见过《先驱报》。”

（原载1910年11月26日《纽约先驱报》）

---

① 杨毓莹：英文名Yong Yee-Ying，字晴川。安徽泗县人。1910年8月起任清政府驻美国纽约总领事。

原文：

“The Herald Is Greatest Paper” Declares Chinese Commissioner

Mr. Chang Yuan Chi, Chinese educational commissioner, who is on a special mission to study the educational institutions of this country, visited the HERALD Building yesterday and watched the various processes of making a newspaper. He was accompanied by Messrs Yee Ying Yong, Imperial Chinese Consul; Kuo Chi Loo, Vice Consul, and Y. P. Sun, secretary to the Chinese Consulate.

After looking through the editorial rooms and the art department and asking innumerable questions about the typesetting machines and stereotyping methods, Mr. Chang inquired how many Heralds the giant presses could turn out in an hour.

“It is a wonderful establishment,” said he. “I think the Herald is the greatest newspaper in the world. I have met your correspondent in Hong Kong, and in my travels around the world I see the Herald in every country.”

(*New York Herald*, Nov. 26, 1910)

来自中国的访客（节选）①

接下来中国使馆安排的尊贵客人是香港和北京公立学校的督学张元济，以及他的同事、中国驻纽约副领事陆国祺。他们正访问我国的大城市，以考察少年法庭、少管所、老人院、盲人学校、弱智人学校、残疾人学校、少年感化所等机构，为的是在中国成立类似机构。

（原载 1910 年 11 月 26 日《奥格登斯堡日报》）

原文：

Visitors from China.

Next on the program for honor guests at the Chinese legation are Chang Yuan Chi, superintendent of public schools at Hong Kong and Peking, and his confrere, Kno Chilooi②, imperial Chinese vice consul, who are visiting our large cities to observe the juvenile courts and children's societies, the homes for the aged and infirm, schools for the blind, mentally deficient and crippled, reformatories for minors and such institutions with a view to establishing similar ones in China.

（*The Ogdensburg Journal*，Nov. 26, 1910）

① 此报道还载于 1910 年 11 月 27 日的《布法罗导报》（*Buffalo Courier*）。

② Kno Chiloo：报道中有误，应为"Kuo Chi Loo"。

张元济不以耶教为无政府

二十六日纽约电云：北京学务前委员、上海商务印书馆编译所所长张元济，昨晚赴华人学生会演说，提议当以基督教为中国之宗教。

按张元济京卿[①]，前以刑部主事上书请变官制，免拜跪，受德宗景皇帝之知，充总理衙门章京，兼办铁路、矿务事，及大学堂总办。自推翻新政、免官后，则专注全国教育。近虽为政府复官，屡欲起用，皆不应召。此行专考察各国地方上之小学教育及贫民教育。

（原载 1910 年 11 月 28 日《中西日报》）

① 京卿：清代京堂的别称，即京官自一品至六品长官之通称。

中国访问者在美国学校①

张元济对幼儿园的工作感兴趣
他为中国寻求理念
帝国教育专员考察美国教学方法
教师的日常工作
斯图尔特督学为之导览富兰克林学校

也许有一天，中国会像美国一样，幼儿园遍布全国各地。

如果真是这样的话，在西北区 12 街和 L 街新建的斯特朗·约翰·汤普森学校（Strong John Thompson School）的幼儿园教室里玩耍的小孩，可以有他们自己的专门分区。今天早上，当溥仪小皇帝属下的这个中华帝国教育专员，花了半个小时的时间，全神贯注地看着这些孩子的一举一动时，这种思想意识的萌芽培养出来的可不是一星半点。

拜访 A. T. 斯图尔特督学

这个代表全中国的教育专员就是张元济。今天早上，他与中国驻美国大使馆二等秘书钟文邦（Wen Pang Chung）同去拜访 A. T. 斯图尔特督学（A. T. Stuart）。他尤其想参观的就是幼儿园。

在他离开了有一段时间的国家里，办学思想并没有完全脱离东方古代圣人的戒律，虽然回到几千年前，这些圣人的思想中也有些许非凡之处。而这些

① 此报道还载于 1910 年 12 月 20 日的《夏威夷星报》（*The Hawaiian Star*），题为“中国官员视察华盛顿学校”（Chinese Commissioner Inspects the Schools in Washington）。

戒律在许多方面自产生就从未改变过。

因此，斯特朗·约翰·汤普森学校的那个大游戏室里，那满满一屋子的四五岁的男孩和女孩让张元济很感兴趣，他问了各种各样的问题。

他看到三个马蹄形桌子旁的孩子们在用彩色球和纸条“工作着”。他看到他们彼此之间多么彬彬有礼。他看到坐在马蹄形桌子里面的那位老师是一位和颜悦色的年轻女士，她的一举一动吸引了十五个小家伙的注意，仿佛太阳、月亮、星星以及整个宇宙都只在她的点头示意下转动。

他看到教室和花园一样漂亮，那里虽然没有盛开的花朵，但是有一张张图片，展示着孩子们在阅读小“探秘”中学到的东西。这一切，每一个细节，都被张元济看在眼里。他表示，一个只是通过游戏就能养育孩子的体系，竟然能被设计出来并出色地付诸实践，真是太神奇了。

因此，斯特朗·约翰·汤普森幼儿园实际上可能被“复制”到这个地球的另一边。

参观富兰克林学校

两位来访者还参观了富兰克林学校（the Franklin School）大楼，那里有几所实习学校。师范学校的女生们在那里接受教育，并且第一次试教。

他们考察的第一所学校是哈迪小姐（Miss Hardy）任教的著名实习学校，该校是首先尝试使用可移动家具的新想法的学校之一。两三个师范学校的女生在值班，来访者第一次看到了通过把一个满班的小孩分成小组的方式来教学的新方法。

孩子们拖动坐椅，围坐在教师膝旁，教师认真、熟练且极富技巧地教育着他们，以至于孩子们丝毫没有注意到有几个陌生人走进了教室。

该教育专员尤其对师范学校的教学感兴趣。斯图尔特先生今天早晨在该校校长戈丁小姐（Miss Goding）负责教学的教室停了下来。

二十五名非常漂亮的女孩看着这两个陌生的来客，交织着目光扫视他俩，这足以让一个美国本地的有怯场倾向的陌生来客对着嗅盐瓶猛吸，来使自己清醒。但两位中国绅士却不动声色。

戈丁小姐继续上课。她正在列举心理学的一些分支学科内容。

“非常糟糕的图片”

她拿起一张模糊的照片，问它是什么。一个年轻女孩说那是一只兔子，另一个女孩说它是只鸭子。

该教育专员问：“那是心理学吗？”

二十五名年轻女孩听了，笑得比以往任何时候都更加动人。但两位中国绅士仍不为所动。

斯图尔特督学把照片拿着，举起来。

他说：“再看看，这是什么？是只兔子还是只鸭子？”

该教育专员看上去很聪明。二十五名女孩向他微笑，只有一个心理学班级的学生才能做出那样的微笑，他们等待着答案。

最后，答案来了：

“这是一张非常糟糕的图片。”这是最终裁决。

（原载 1910 年 11 月 29 日《晚星报》）

原文：

VISITOR AT SCHOOLS

Chang Yuan-Chi Interested in Kindergarten Work

HE SEEKS IDEAS FOR CHINA

Imperial Commissioner of Education Sees American Methods.

WORK OF NORMAL TEACHERS

He Is Taken Through Franklin School by Supt. A. T. Stuart.

Perhaps some day there will be kindergartens in China scattered all over the land, just the way there are in America.

If that ever comes to pass, the class of very little people who play about in the big kindergarten room at the new Strong John Thompson School, 12th and L streets northwest, can have for their own special distinction, the knowledge that the germ of the idea was nurtured not a little when the tiny Emperor of PuYi's own special commissioner of education for the Chinese empire watched them intently for half an hour this morning.

Calls on Supt. Stuart.

The commissioner of education for the entire empire of China is Chang Yuan-Chi. He called on Superintendent A. T. Stuart this morning along with Wen Pang Chung, second secretary of the Chinese legation. What he was anxious especially to see was the kindergartens.

In the country which he has left for a time the school ideas have not broken entirely away from the precepts of ancient oriental gentlemen who had some mighty good ideas, several thousand years back, which have not since been changed in many respects.

Consequently that great big playroom full of four and five year old boys and girls at Strong John Thompson School interested Chang Yuan-Chi. He asked all sorts of questions.

He saw the children at the three horseshoe tables "working" with colored balls and strips of paper. He saw how courteous they are to each other, and how the teacher who sits on the inside of the horseshoe is a pleasant faced young lady who holds the attention of fifteen small folks as if the sun and moon and stars, and all the universe, moved but by her nod.

He saw that the schoolroom was just as pretty as a garden, and that where flowers were not growing there were pictures of the things children learn in the small adventures they read of and have read to them. All of it, in every detail, was observed by Chang Yuan-Chi, who said it was marvelous in the extreme that a system of rearing a child by such simple play could have been devised and put into practice so wonderfully well.

So the Strong John Thompson Kindergarten may actually be reproduced on the other side of the world.

Franklin School Inspected

The visitors went all through the Franklin School building, where there are several practice schools, and where the girls of the Normal School are taught and make their first trials at bending the young twig.

The first school they saw was the famous practice school taught by Miss Hardy, one of the schools where the new idea of having movable furniture was first tried out. Two or three Normal School girls were on duty, and the visitors saw for the first time the new method of teaching a classroom full of little children by dividing the class into groups.

Around the knees of the teachers the children had pulled their little chairs and were being taught with an earnestness and a proficiency and a knack which made it possible for the lessons to go on without the children noticing in the slightest that a group of strangers had entered the room.

Especially was the commissioner interested in the workings of the Normal School. Mr. Stuart stopped in the classroom presided over this morning by Miss Goding, the principal of the school.

Twenty-five very pretty young girls looked at two strangers with a combined battery of glances that would have made an American stranger of weak-hearted tendencies sniff violently at a smelling salts outfit. But the Chinese gentlemen were as adamant.

Miss Goding went on with her class work. She was having a recitation in some branch of psychology.

"Very Poor Picture."

She held up a hazy picture and asked what it was. One young lady said it was a rabbit. Another one said it was a duck.

"Is that psychology?" asked the commissioner.

At which twenty-five young women smiled with even more piercing smiles than ever. But the Chinese gentlemen were unmoved.

Supt. Stuart took the picture and held it up.

"Now," he said, "what is it ? A rabbit or a duck?"

The Commissioner looked wise. Twenty-five young women beamed upon him as only a class in psychology can beam. They awaited the answer.

And finally it came:

"It is a very poor picture," was the verdict.

(*Evening Star*, Nov. 29, 1910)

中国人访问学校

教育专家们对美国幼儿园和师范教学印象深刻
[《巴尔的摩太阳报》专电]

华盛顿，11 月 29 日——今天上午，中国教育专员张元济，在中国驻美大使馆二等秘书钟文邦的陪同下拜访了斯图尔特督学，这两位东方显贵得到机会考察了华盛顿的学校和幼儿园设施。他们主要对幼儿园工作和师范学校教法感兴趣。在参观了几所学校后，来访者们由衷地对美国教学法表示赞赏。

（原载 1910 年 11 月 30 日《巴尔的摩太阳报》）

原文：

CHINESE VISIT THE SCHOOLS

Educators Impressed with Kindergarten and Normal Methods
[Special Dispatch to the Baltimore Sun.]

Washington, Nov. 29.——Chang Yuan-Chi, Chinese commissioner of education, called upon Superintendent of Schools Stuart this morning in company with Wen Pang Chung, second secretary of the Chinese Legation and the oriental dignitaries were given an opportunity to inspect the school and kindergarten facilities of Washington. They are chiefly interested in the kindergarten work and normal school methods. After a visit to several schools the investigators expressed themselves pleased with American methods.

(*The Baltimore Sun*, Nov. 30, 1910)

中国的幼儿园①

中国教育部专员将引入幼儿园教育

华盛顿，11 月 30 日——中国教育部专员张元济目前正在华盛顿参观学校。昨天，他参观了其中一所幼儿园，显得十分高兴。他表示，他此行的目的在于将幼儿园教育引入中国。

（原载 1910 年 11 月 30 日《布鲁克林鹰报》）

① 此报道还载于 1910 年 11 月 30 日的《盐湖城电讯报》（*Salt Lake Telegram*）、《托皮卡州日报》（*The Topeka State Journal*）和《每日时报》（*The Journal Times*），同年 12 月 1 日的《密苏拉人日报》（*The Daily Missoulian*）、《密苏拉人报》（*The Missoulian*）、同年 12 月 1 日的《圣巴巴拉周报》（*Santa Barbara Weekly Press*）和《俾斯麦论坛报》（*The Bismarck Tribune*），同年 12 月 2 日的《诺福克周报》（*The Norfolk Weekly News-Journal*），以及同年 12 月 13 日的《夏威夷报》（*The Hawaiian Gazette*）。

原文：

KINDERGARTENS IN CHINA

Chinese Commissioner of Education Will Introduce Them

Washington, November 30—Chang Yuan Chi, Chinese commissioner of education, is in Washington inspecting its schools. Yesterday he visited one of the kindergartens, with which he expressed his delight. It is his purpose, he said, to introduce kindergartens into China.

(*The Brooklyn Daily Eagle*, Nov. 30, 1910)

walking delegates.—Yale Alumni Weekly.

KINDERGARTENS IN CHINA.

Chinese Commissioner of Education Will Introduce Them.

Washington, November 30—Chang Yuan Chi, Chinese Commissioner of Education, is in Washington inspecting its schools. Yesterday he visited one of the kindergartens, with which he expressed his delight. It is his purpose, he said, to introduce kindergartens into China.

Here is an opportunity for the hundreds of kindergartners on the eligible list who cannot find positions in this city.

HARVARD CLASS IN LONDON

Kindergartens in China（中国的幼儿园）

中国教育部专员来访

华盛顿，11 月 30 日——中国教育部专员张元济目前正在华盛顿参观学校。他参观了其中一所幼儿园。他表示，他此行的目的在于将幼儿园引入中国。

（原载 1910 年 11 月 30 日《里诺日报》）

原文：

CHINESE EDUCATOR COMES

Washington，Nov. 30—Chang Yuan Chi, Chinese commissioner of education, is in Washington inspecting its schools. He visited one of the kindergartens, it was his purpose, he said, to introduce kindergartens into China.

（*Reno Gazette-Journal*，Nov. 30, 1910）

中国教育部专员考察华盛顿学校[①]

中国教育部专员张元济目前正在华盛顿考察学校。

（原载 1910 年 12 月 1 日《内布拉斯卡州日报》）

原文：

Chang Yuan Chi, Chinese commissioner of education, is in Washington inspecting its schools.

（*The Nebraska State Journal*，Dec. 1, 1910）

① 原文无标题。

张元济查幼稚园

昨月三十日华盛顿电云：华人张元济现到本京。昨到幼稚园观察，意为之满。彼谓将来中国亦必如法设立云云。张乃刑部主事，现当上海商务书馆编辑员。此行乃专考察地方上之小学及贫民教育事。

（原载 1910 年 12 月 1 日《中西日报》）

张参议之行踪

纽约访函云：前外务部参议兼学部丞参行走张君元济，昨由欧洲来本埠，调查各种文明政治，已经旬日，于一十六日[①]往华盛顿考查。闻张君在欧洲，已调查六越月，最注意者为教育新法。于盲聋哑院、贫儿教育、初级专门实业各种教法，尤为留心。与张公使[②]为十年前在京讲学之友，张公使已电请到美京时住使署内云。

按张君元济，于戊戌变政之前，在京师与张公使及前纽约领事夏偕复[③]、今吉抚陈昭常[④]诸公立通艺学堂，购求中外艺学、算术、格致各科学。戊戌政变之后，以张君曾条陈新政革职。自立宪诏下，复郎中原官，兼学、外两部丞参行走。张君以外部人才缺乏，倡设储才馆，卒以诸大老政见不合辞职，退居上海，在商务书馆与诸名流改良教科书。去年托张公使送来侨学子弟书六大箱，即其人也。今环球游历，志在改良教务，拟十一月中旬由金山驾满洲船回国云。

---

① 一十六日：疑为“二十六日”，即1910年11月26日，应系所查《中西日报》缩微胶卷不清楚所致。

② 张公使：即张荫棠（1866—1937），字朝弼，号憩伯、少卿。广东新会人，清光绪举人。曾任总理衙门员外郎、外务部右参议等，1910年任出使美、秘、墨、古等国公使。民国后任驻美公使、参议院参政等职。著有《使藏纪事》等。

③ 夏偕复：（1874—？），字棣三、地山。浙江杭县人。曾任工部主事、留日学生总监督、驻美国纽约总领事、天津造币总厂总办等职，民国后曾任驻美国兼驻古巴公使、中国实业银行监察人、汉冶萍煤铁矿公司总经理等。著有《学校刍言》等。

④ 陈昭常：（1867—1914），字简墀、平叔。广东新会人。1894年中进士。历任翰林院庶吉士、刑部主事、洋务局总办、长春知府、京张铁路总局总办、吉林巡抚等职。民国后任吉林巡抚兼民政长等。著有《廿四花风馆诗词钞》《廿四花风馆文集》等。

满洲船之轮音：太平洋邮船公司之满洲船，此次由香港来，计程礼拜朝早，方可到本埠。因礼拜日朝十点镖，始由檀香山起锚。

（原载1910年12月2日《中西日报》）

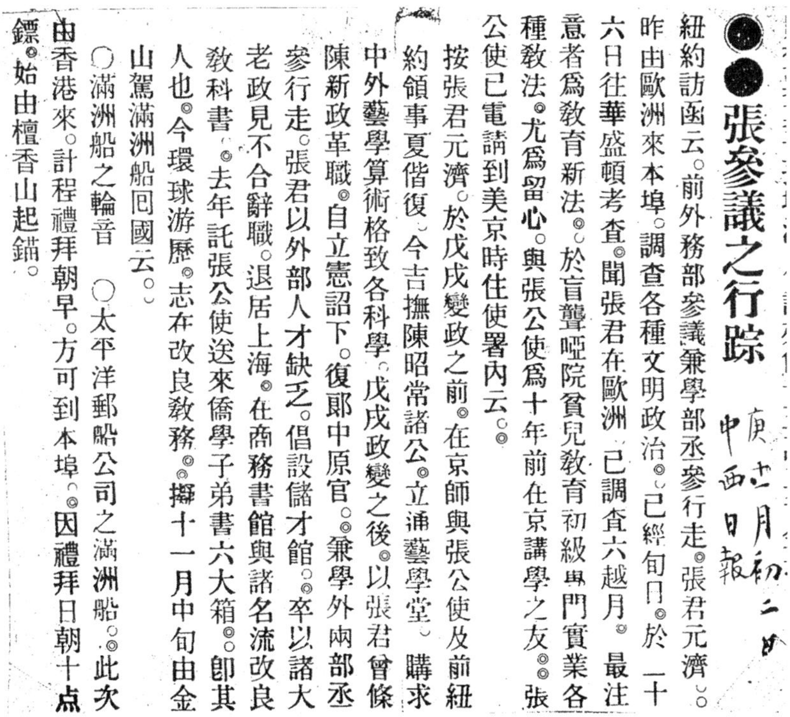

庚戌十月初二日 中西日報

張參議之行踪

紐約訪函云。前外務部參議兼學部丞參行走。張君元濟。已經旬日。於一十六日往華盛頓考查。聞張君在歐洲。已調查六越月。最注意者爲教育新法。於盲聾啞院貧兒教育初級專門實業各種教法。尤爲留心。與張公使爲十年前在京講學之友。張公使已電請到美京時住使署內云。

按張君元濟。於戊戌變政之前。在京師與張公使及前紐約領事夏偕復。今吉撫陳昭常諸公。立通藝學堂。講求中外藝學算術格致各科學。戊戌政變之後。以張君曾條陳新政革職。自立憲詔下。復郎中原官。兼學外兩部丞參行走。張君以外部人才缺乏。倡設儲才館。卒以諸大老政見不合辭職。退居上海。在商務書館與諸名流改良教科書。去年託張公使送來僑學子弟書六大箱。即其人也。今環球游歷。志在改良教務。擬十一月中旬由金山駕滿洲船回國云。

○滿洲船之輪音　○太平洋郵船公司之滿洲船。此次由香港來。計程禮拜朝早。方可到本埠。因禮拜日朝十点鏢。始由檀香山起錨。

张参议之行踪

中国人看好华盛顿学校

中国教育部专员张元济致函美国教育部专员鲁道夫，感谢他提供的考察公立学校的机会。这位中国专员强调，他希望他的祖国能够效仿华盛顿已采用的教育方法。

（原载 1910 年 12 月 3 日《晚星报》）

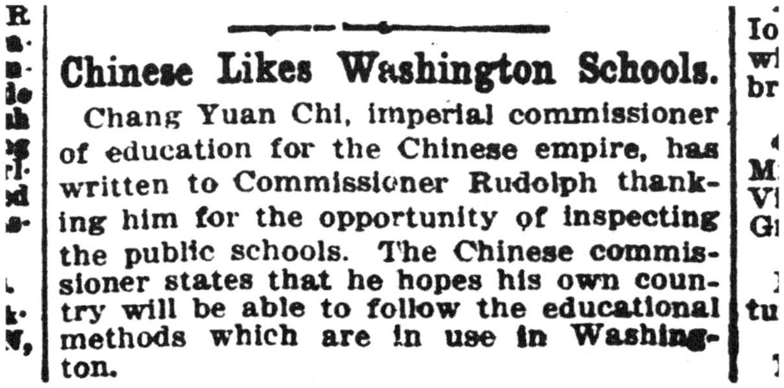

Chinese Likes Washington Schools.

Chang Yuan Chi, imperial commissioner of education for the Chinese empire, has written to Commissioner Rudolph thanking him for the opportunity of inspecting the public schools. The Chinese commissioner states that he hopes his own country will be able to follow the educational methods which are in use in Washington.

Chinese Likes Washington Schools（中国人看好华盛顿学校）

原文：

Chinese Likes Washington Schools

Chang Yuan Chi, imperial commissioner of education for the Chinese empire, has written to Commissioner Rudolph thanking him for the opportunity of inspecting the public schools. The Chinese commissioner states that he hopes his own country will be able to follow the educational methods which are in use in Washington.

(*Evening Star*，Dec. 3, 1910)

张元济考察美国少年法庭等机构[①]

北京公立学校的督学张元济被派到美国来考察和报道少年法庭，少管所，养老院，为盲人、聋哑人、弱智者和伤残人士特设的残疾人学校，少年感化院和其他机构。去年冬天，中国的大理院刑科推事参加了在华盛顿召开的国际监狱会议。正因为他在报告中向中国皇帝做了推荐，眼前这位使者才被派来美国考察上述机构，以期在中国建立类似的机构。他曾在纽约逗留，计划参观美国各地的类似机构。

（原载 1910 年 12 月 3 日《艾奇逊全球日报》）

原文：

Chang Yuan Chi, the superintendent of public schools in Peking, has been sent to the United States to study and report on juvenile courts, societies for children, homes for the aged, schools for the blind, the dumb, imbeciles and cripples, reformatories for minors, and other institutions. The Chief Justice of the new Chinese Supreme Courts was in Washington last winter to attend the International Prison Conference. It was on his report and recommendation to the Chinese imperial government that the present emissary was sent to observe the institutions mentioned above, with a view to the establishment of similar institutions in China. He has been in New York, and intends to visit institutions in all parts of the country.

(*The Atchison Daily Globe*, Dec. 3, 1910)

① 原文无标题。

张京卿明日到

菊生张京卿元济，专意教育，备川资游欧美，考察地方小学及贫民教育事，已迭志本报。

兹查本埠总领事馆黎总领事[①]，昨接芝加高[②]埠商民汤社信电云：张京卿元济初六即礼拜二下午七点钟由芝加高搭怕思域公司[③]快车起程，准礼拜五下午五点钟到云云。

查张京卿热心兴学，到处均受欢迎。黎领事暨领署通译、书记员暨中华会馆绅董，明日四点余钟即赴屋仑码头[④]，为张京卿迓轮。

（原载1910年12月8日《中西日报》）

---

① 黎总领事：即黎荣耀（1858—？），字藻泉，广东新会人。清末举人，长期在外交界任职。曾任驻美国旧金山、古巴、菲律宾等地总领事。当时为驻旧金山总领事。

② 芝加高：今译“芝加哥”。

③ 怕思域公司：即美国太平洋联合铁路公司（Union Pacific Railroad Company）。

④ 屋仑码头，即奥克兰港，位于美国西岸旧金山地区的东湾，“屋仑”系旧时老华侨按粤音对“奥克兰”的音译。

张戴观学

本埠中华会馆绅商，以张京卿元济、戴委员沂[1]均昨日到，故昨晚特请到叙。九点钟时，各会馆董事、领事馆人员均与焉。中华学堂及华商学堂学生，均穿号衣排班以迎。入座后稍憩，即登楼。观中华学堂学生，由余灵督操，步武齐整，大有尚武精神。张、戴均为赞赏。阅毕下楼，仍入中华会馆之厅事中。李总董宝湛[2]略为宣布，遂请张元济京卿演说。略谓：鄙人由欧至美，今到贵处，实不敢受华侨欢迎。然得与通报叙于海外，曷胜欣幸。大抵既生身于两大之间，必须养成高尚人格。高尚人格何以养成？非教育不可。家庭教育问题，尤为我国今日所宜讲求。其要点极大，且于学生亦有密切关系。至如一国之君主，乃国民之代表，为国民者亦当尽自己一份之义务。曾问于西人曰：生长于中国而学于外国者，将来毕业后回国否？该西人答曰：学成定要归国，为国家出力云云。是现时之学生，学成而归，效用于国，方不负所学。欲国家强盛，必有强盛国民之资格，所望方能偿。此责任全视于诸生矣！众鼓掌。

随又请戴委员演说，由李宝湛译意。略谓：我国人向存自大之见，不似西人之精益求精。昔者闭关自守，未谙泰西国之情形，今则相形见绌。自当为改良材料之预备，预备此改良之材料，不得不属望于学生。学生勉乎哉？众鼓掌。及后如仪而散。

按：张京卿历史，已详本报。至戴委员沂，号伯咏，湖北省江夏人。现当北京度支部造纸厂监造科科长。此来特考察美国制纸事宜，不日与邝文光君同赴美东，以邝君乃官费委学制纸币者。戴伯咏早有函约，故亦来迓轮。

---

① 戴委员沂：即戴沂，号伯咏，生卒年不详。湖北省江夏人。曾任清末度支部造纸厂监造科科长、湖北造纸厂技正等。

② 李总董宝湛：即李宝湛，时任旧金山冈州会馆主席、美洲华侨和平总会主席等。

张、戴两员既到，故黎领事昨晚特在公馆设筵请宴。中华会馆则订期是晚，宪政会则定期明晚，请张、戴两员宴。

张京卿是朝附车往沙加缅度[①]埠，以彼间学堂之请也。拟下午三点钟时，仍附车返回本处。

（原载1910年12月10日《中西日报》）

① 沙加缅度：今译“萨克拉门托”，起源自美国粤籍华侨。

看好幼儿园[①]

中国教育部专员张元济说，他非常喜欢幼儿园这个想法，所以他想将其引入中国。他目前在考察美国的学校，为其本国的学校提供思路。

（原载 1910 年 12 月 28 日《托皮卡日报》）

① 此报道还载于 1911 年 1 月 19 日的《波特堪萨斯人报》（*The Potter Kansan*）、1911 年 1 月 20 日的《怀恩多特主报》（*Wyandotte Chief*）、1911 年 2 月 2 日的《福特促进者报》（*The Ford Promoter*）、1911 年 2 月 28 日的《霍普金斯维尔肯塔基人报》（*Hopkinsville Kentuckian*）和 1911 年 12 月 8 日的《利博星报》（*The Lebo Star*）。

原文：

LIKES THE KINDERGARTEN.

The Chinese commissioner of education, Chang Yuan Chi, says that he likes the kindergarten idea so well that he will introduce it into China. He is now in this country inspecting the schools, to get ideas for his own schools.

（*The Topeka Daily Capital,* Dec. 28, 1910）

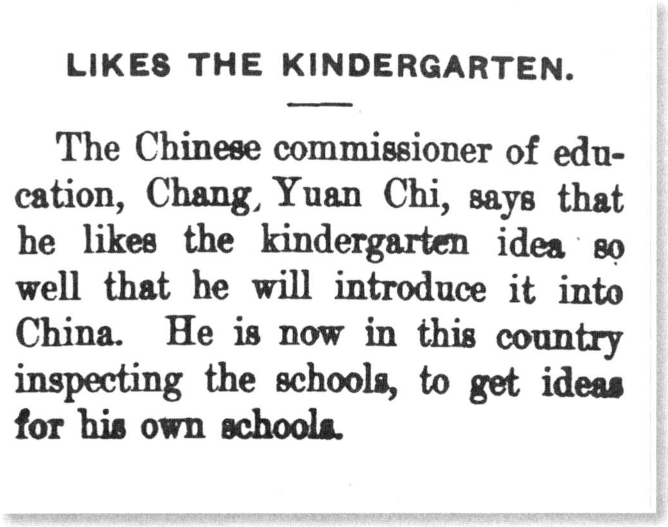

LIKES THE KINDERGARTEN.

The Chinese commissioner of education, Chang Yuan Chi, says that he likes the kindergarten idea so well that he will introduce it into China. He is now in this country inspecting the schools, to get ideas for his own schools.

Likes the Kindergarten（看好幼儿园）

家人回忆

《张元济往事》摘录

张树年[①]

家里来了“外国人”

父亲1910年年初赴欧美考察西方教育、出版事业，1911年1月返回上海。母亲携了我下楼去迎接父亲。但我见到的却是一位身穿西装、头戴黑色圆顶小礼帽、披一件厚大衣的陌生人。我躲在母亲身后轻轻说：“外国人，外国人。”母亲笑着说：“不是外国人，是爸爸呀。”我还是不信，父亲上了楼，稍事休息，脱去西装，换上长袍，我才认出，急忙叫爸爸。后来我知道，父亲出国须穿西装，到哪里去做呢？父亲不懂此道，就请教柯师医生。柯师医生告诉父亲，上海有三四家洋人开的百货公司，专为租界上洋人服务的，如惠罗公司在南京路四川路转角，福利公司在四川路南京路稍南，汇司公司在南京路江西路口。经柯师医生指点，父亲做了几套西装、大衣，还购买了帽子、皮鞋、领带，从头到脚全是新的。最棘手的是辫子，穿了西装岂可拖长辫？又不许剪。经与福利公司研究，做了一个发套，把辫子盘在头顶上，戴上发套，还过得去。父亲特地穿了西服拍了张照。他这帧穿西服、戴发套的照片，至今我还保存着。

传代的玩具

父亲从欧洲带回不少玩具，其中一盒积木我特别喜欢。这盒积木有两种

---

① 张树年：（1907—2004），张元济先生哲嗣。浙江海盐人。从上海圣约翰大学毕业后，赴美国纽约大学留学，获经济管理硕士学位。回国后长期在银行界工作。晚年致力于张元济史料的搜集、整理和研究，著有《我的父亲张元济》，主编《张元济年谱》《张元济蔡元培往来信集》等。

颜色，一是棕红色，一是本白色。盒盖上画一座洋楼，用全部盒内积木可搭成这样的立体两层楼小洋房，屋后再点一支蜡烛，窗口映出光亮，如同真的房屋。我和姊姊都不会搭。冯氏二表兄树铭知道父亲回国，特从圣约翰附中请假出来拜见，见我们在玩儿积木，他就照图搭成一座洋楼。我们欢天喜地，对他很钦佩。从此我们也学会了。这盒积木，我的儿女珑儿、长儿都玩儿过，外孙女清清，孙女玮玮、璟璟也玩儿过。可说是我们家传代的玩具了。

室内陈设

新居底层向南三间客室。西面客厅面积最大，我们称它大会客间。厅中间放一套新式红木家具，计一只小方桌，一圈五把单人小沙发，靠墙是三人座长沙发。父亲说这套家具是商务印书馆同人所赠。长沙发上端挂一幅日本富士山夜景油画，配以泥金镜框。其下挂一帧父亲 1910 年 6 月游比利时马士河的照片，配有黑木镜框。父亲在照片上以钢笔写一首七绝：

小小山河点缀多，居然名胜数欧罗。
故乡风景非无此，举目荆棘可奈何。

小序曰：

宣统庚戌六月至比利时，游马士河，书此志慨，兼示子琦。

父亲每游一处，由于言语不通，时时邀一位留学生陪往当翻译。子琦大约是留比利时或法国的学生，其姓已无从查考。

……

在壁火炉架上陈列的一批小摆设极为精致。父亲去欧洲，路过印度孟买时买了一对象牙雕刻大象，一只鼻子向上，一只向下，形象生动。五六只法国著名“茄利”彩色玻璃小花瓶，式样各异。记得一只是幅风景画，有五六种颜色。德国买的瓷狗，有狼狗、巴儿狗，种类不少。还有一只硬木雕成的狼。再上面有两只日本铜花瓶，色彩鲜艳，图案是红白紫三色菖兰，其工艺有如中国的景泰蓝而加以改进。从美国带回的一玻璃小瓶，装满巴拿马运河的沙土；华盛顿故居的木制小斧头；一幅美国印第安人手工制的牛皮画，图案是印第安人与小船。日本铜瓶两旁挂双亲两幅画像，是请一位美国画师照寄去的照片放大画成。父亲那幅就是当年旅欧时穿西服、戴假发套的一帧。壁火炉两旁各有一扇玻璃长窗通南阳台。夏季晚上洗了澡，父亲躺在藤椅上纳凉，有时讲些历史故事给我听，有时教我对对子，如“双亲”对“两老”等，对对子要懂得平上去入四声。即使这些小摆设，也被父亲用来作教材，如象牙雕刻大象，就讲印度产象，象高大，有蛮力，人们用它从森林中运木材，一只象可以抵许多人力。又如巴拿马沙土，就讲美洲地理，开通巴拿马运河可以缩短路程，不必绕道麦哲伦海峡。再如华盛顿故居的斧头，他讲述了一段故事：在故居门首有一棵樱花树①，华盛顿幼年时用一把斧头将樱花树砍去，他父亲知道后，训斥一顿，并命其照样补种一棵。这个故事教育孩子从小养成爱护花木的习惯，懂得森林对人类带来的益处。父亲随时随地就一件件琐碎小事来培养我、教育我。

在新居过新年

放完烟火，回进室内，父亲取出一张“升官图”，摊在中间客室棋桌上，和母亲一起玩儿。拿一只碗，放入六粒骰子，轮流掷。看谁点子多，谁就按规则先走。我不懂，也不感兴趣。源哥站在一旁，边看边学。“升官图”表明一个芝麻绿豆官如何一步一步升上去，当尚书、中堂，直至宰相。无非是升官发财、光宗耀祖那一套，但也可以从中了解一些清代官职的名称。

庚子以后，清政府迫于形势，对中央官僚机构进行调整，乃有钦定君主立宪之举。记得父亲曾与高梦旦丈在光绪三十四年（1908）②从日本回国途中共同设计一种游戏“选举图”。我想此图或许以“升官图”为蓝本，加以改进，也是父亲开明思想的一种体现。兹录戊申③十二月二十八日父亲致梁任公年伯信中的一段：“弟与梦旦归国时，海中无事，编有选举图，筹借新年游戏之趣，为补助教育之用。谨各寄呈一份，伏祈教正是幸。”商务印书馆出版此图，并在各大报纸登广告，使之广为流通。

看洋人出殡

父亲很早就主张治丧尚俭，反对浮夸和迷信，究其根源，可能与在国外见闻有关。宣统二年（1910），父亲去欧洲考察教育、出版事业，其时适逢英

① 樱花树：一说是樱桃树。

② 光绪三十四年（1908）：此处有误，应是宣统二年（1910）。

③ 戊申：此处有误，应为“庚戌”。

王爱德华七世患病，父亲有一天经过白金汉宫，“见民人之踵门问疾者，络绎不绝。医官频频宣布病状，闻一凶讯，则嗟叹之声相续。立宪国君民之相亲固如是乎”（见《张元济书札》，第8页）。英王逝世后出殡之日，父亲以五英镑买了一个沿街座位观看。父亲多次对我讲述当时情景。当时各国元首如德王威廉、铁血宰相俾斯麦、沙皇尼古拉二世、美国总统都来送丧。还有王公贵族、将军大臣不计其数。他们身穿礼服、军装，佩戴勋章，一律步行，气氛庄重。父亲对“一律步行”强调再三。他观看之后一定很有感触，对日后提倡殡葬改革有所启发。

祖父的洋玩意儿

张　珑

先父张树年先生的遗著《我的父亲张元济》一书中，在描述极司非而路寓所里祖父卧室布置时有这样一段话："在壁火炉架上陈设的一批小摆设极为精致。父亲去欧洲，路过印度孟买时买了一对象牙雕刻大象，一只鼻子向上，一只向下，形象生动。五六只法国著名'茄利'彩色玻璃小花瓶，式样各异。记得一只是幅风景画，有五六种颜色。德国买的瓷狗，有狼狗、巴儿狗，种类不少。还有一只硬木雕成的狼。再上面有两只日本铜花瓶，色彩鲜艳，图案是红白紫三色菖兰，其工艺有如中国的景泰蓝而加以改进。从美国带回的一玻璃小瓶，装满巴拿马运河的沙土；华盛顿故居的木制小斧头；一幅美国印第安人手工制的牛皮画，图案是印第安人与小船。"

先祖父张元济先生在他 44 岁的时候出国作环球游，考察西方的教育、出版、印刷等方面的制度、经验和业绩。1910 年 3 月起程，1911 年 1 月回到上海。途中于 1910 年 8 月 27 日从德国致信商务印书馆的陶葆霖和高凤谦，信中有这样一段话："现托人寄回木箱一个，内以书籍为多。凡系弟私购及他人所送者，均标明'菊生'字样，均请检出饬送敝寓，其不标字者均为编译所代购，即祈另行登册……又箱内附有纸盒大小三个、木盒一个、画两幅一捆、纸包五个又一个、纸卷一个，请饬送敝寓……因欲减省行李，不便携带，故寄还。"（见《张元济全集》第三卷 173 页，或《张元济年谱长编》上卷 298 页）此信说明祖父曾在国外购买一些东西，并在旅行途中将它们装箱先行寄回上海，箱中大部分是代商务印书馆编译所购买的，而私人购买的部分则请商务印书馆代为送到家里。证实了上述那许多小玩意儿就是在他出国那段时间买的。

那么到我有记忆的时候，这些小玩意儿是否还在呢？其中又有多少我还能有印象呢？不得不遗憾地说，我的记忆已经非常模糊，有的已经完全没有印象了。只有印第安人的那幅牛皮画我还依稀记得，那整幅画是土黄色，也许就是牛皮的本色吧，可能宽 40 ～ 50 厘米，下面还垂着牛皮的穗状流苏。记得我喜欢那流苏，常常去拨弄它。还有一个装着巴拿马运河泥土的玻璃小瓶。祖父曾经对我说：巴拿马运河不是天然的河，而是人工开挖出来的，所以那泥土是有特殊意义的。再说，那小瓶里的泥土并不是装得十分满，可以把小瓶颠倒过来，泥土也就可以随着倒过来了。我小时候曾经玩过那个小瓶子，所以还模模糊糊地有一些印象。至于文中所说“法国著名‘茄利’彩色玻璃小花瓶”，我好像只见过单一浅黄色极小的一个花瓶，其他色彩鲜艳或有风景画的我都没有印象。

“茄利”，现在译成“加莱”，指的是法国的一种玻璃工艺。因其创始人埃米尔·加莱（Emile Galle，1846—1904）而得名。他独特的玻璃制作艺术在 1878 年的巴黎世博会上初露头角，继而成为一种有名的玻璃工艺流派。到了 1900 年的巴黎世博会上，他的作品已经成了一颗耀眼的明星。这种玻璃制品有凹凸面，犹如雕刻一般。在 Galle 的作品中，对大自然的表现给人一种朦胧的感觉，梦幻般的柔美而细腻。我之所以知道有“加莱”这种玻璃工艺，是因为从前母亲曾经有过这样一个台灯。因为玻璃是半透明的，所以在灯柱里装上灯泡，点亮之后显得尤为尊贵优雅。祖父是 1910 年出国作环球之旅的，而 Galle 是在 1904 年因常年与玻璃为伴而铅中毒去世，可以想象在那个时候这个流派的玻璃制品一定风靡法国乃至欧洲，即使到了现在，“加莱”还是法国几大玻璃工艺流派之一。所以祖父带回来的几个加莱瓶一定是相当贵重的物件。

虽然我对父亲描述的祖父从国外带回来的那些有趣的洋玩意儿没有什么印象了，但是另外还有几件是父亲没有记述而我曾经见过或能记得的。对我来说，最为宝贵的是一个荷兰小瓷人。祖父环球旅行是在 1910 年 3 月 17 日登轮离沪，同年 7 月 23 日到达荷兰，在荷兰游了海牙、鹿特丹、阿姆斯特丹等城市，7 月 30 日离荷兰赴德国柏林。这个小瓷人无疑是他在荷兰的时候买的。

瓷娃娃相貌秀丽，一脸稚气，浅黄色的头发，红色的背心，浅紫色的裙子，还围着一条随风飘逸的花围裙。手里抱着一个布娃娃，踩着一双红色木鞋，是一个十足荷兰风格的小女孩。她背后有一个看似一段木头状的筐子，两端可以看出有树木的年轮。细看那木头上面，有长出的青苔，开出细小的花朵，还有小草。那个筐子里面可以盛水，也可以在里面插上一枝小花。这个娃娃很小，

荷兰小瓷人（张珑提供）

比不上父亲描述的那些物件有较高的价值，因此也就默默无闻了。在极司非而路祖父卧室的隔壁是祖母的卧室，祖母仙逝后，就成了祖父的工作室。那里有一个老式梳妆台，中间是一面镜子，两侧有一些小格。瓷娃娃就一直摆在一个格子里。从我很小的时候起到我长大，她年复一年地在那里站着，成了我最熟悉的朋友。20 世纪 50 年代的一个夏天，我从北大回上海，向祖父要了这个小瓷人。那时祖父已经中风卧病在床，他笑着说："你拿去吧！"于是她就跟着我来到了北京，也就因此逃过了十年浩劫。

在祖父的工作室里常年挂着两个很大的瓷盘，也是他环球旅行带回来的。直径也许有 30 厘米。其造型虽是圆盘，实际并非是用来盛东西，而是作为装饰品挂在墙上的。瓷盘里的图案是欧洲乡村的景色，有河流、小石桥，有一栋比较大的住房，远处有哥德式尖顶的小教堂。有农夫在划船，有穿着红裙子的农妇在河边洗衣服。这个盘子曾经破碎成两半，后来用最古老传统的钉碗方法拼起来，几十年过去了，至今还保存得很好。

除这个盘子外，能保留至今的还有两幅很小的图画。那两幅画是瓷质的，镶嵌在木质的边框里。一幅是花卉，另一幅是鸟，从前一直挂在三楼的卧室里。

张元济从欧洲带回的艺术瓷盘

还有一件不起眼的东西没有被毁掉，那是一所祖父从日本带回来的日式房屋。房屋的全部构件都为片状，平整地装在一个木盒子里，经过一百年的岁月，木盒当然已很破旧。但在我小时候那是一件了不起的玩具，一直由母亲保管着，难得允许我玩一次。把构件一片一片地搭起来需要一天的时间。全部搭成后是一栋典型的日本传统形式房屋，有传统式的坡屋顶、木地板、木门窗。里面隔成一个一个小间，每扇门窗都可以拉动，或拉开或关闭。窗户是格子的，上面糊的是白色的窗户纸。这栋房屋全部用本色的木材制成，工艺非常精巧，细小的门窗都很娇气，搭建的时候需特别小心，也需要耐心。记得当时搭成后就在桌子上放几天，尽情地欣赏一下。拆下来的时候，也得轻轻地按原样放回木盒里，以防损坏。这盒玩具至今也许尚存，但经过那么多年的岁月沧桑，已经不可能再搭建起来了。

但是大部分物件没有上述几件那样幸运，没能逃过“文化大革命”的劫难。在上方花园寓所一层的客厅里有一个红木的装饰柜，里面摆了许多好玩的东西。在 1959 年祖父去世后，父母亲不再继续租用一层的房。记得那时候我曾写信对父母亲说如果要把装饰柜里的东西处理掉，那就给我几件吧。我想要的是那里面祖父从法国带回来的一个拿破仑头像（戴着图片里常能见到的拿破仑式的黑色帽子）和一个与它同样大小的贵妇人的头像。两个头像的相貌都极为英俊靓丽，帽子、头发、领子、纽扣等都制作得无比精细。但是我没能及时把它们带到北京，因此终于没有逃脱被砸烂的厄运。

厄运也同样降临到了一个意大利的大理石雕像头上。那个雕像一直站立在上方花园寓所一层客厅的西北角，其总体高度大概在 1.6 米，分两个部分：下面是一根较粗的大理石柱，托着上面一个像天使般可爱的孩子。孩子的相貌端正，略带微笑，充满着纯洁童真的美。他坐在一个垫子上。那垫子的四周是饱满的，但中间因为孩子坐在上面而陷下去，形成许多褶皱，看上去简直像天鹅绒般的柔软和温暖。这是一个真正意大利的大理石雕像，但并不是祖父从欧洲带回来的，而是他在上海的拍卖市场里竞拍来的。从现今的标准看，这样大体量的一座雕像应该价格不菲，但是它没有逃过棍棒，在“文化大革命”中被定为“四旧”而砸得稀烂。一件艺术品的诞生需要艺术家的灵感、心血和时间，但是销毁则仅需要用最原始的摔打手段在几分钟内即可完成。每思及此，怎不令人扼腕长叹？

但是除了这些伤感的回忆外，还是有一件快乐的意外收获。有一次弟弟来北京，给我一个破旧的铁皮小盒子，说那是他在整理旧物时发现的，是我的东西。盒子里是一些小女孩玩的别针、戒指、校徽等。在这些没有用的东西中我出乎意料地发现了一个很小很旧的胸针。那是一个祖父从欧洲带回来的物件，大概是我在中学的时候就给了我。我先用清水将它冲洗，然后用牙膏轻轻地、仔细地刷了一遍，它原来亮丽的光泽居然显露出来，好像重生一般，使我感到无比兴奋。这个小胸针直径仅 2.5 厘米，用马赛克镶嵌而成，颜色文雅，以浅蓝、粉色、白色为主，含蓄而不张扬。“马赛克（MOSAIC）”这个词源于古希腊，是一种镶嵌艺术，最早是用贝壳、小石子之类的东西镶嵌成图案作为房屋上或地板上的装饰品，后来发展到用更为高级的材料如陶瓷、玻璃、金属等制成的小颗粒来镶嵌成各种图案。这种技术在古代希腊和罗马时期就已经十分盛行。在欧洲的许多宗教建筑里就有用马赛克工艺拼制的图画，主要讲的是宗教的故事。

这个小胸针是用微小的陶瓷颗粒镶嵌而成的。细巧精致，且永不褪色。比起上述那些玩意儿来，这个小胸针大概微不足道，因此没有记录可以考证它的来历，也无从查证是在什么地方买的。但是，有没有可能是在奥地利买的呢？因为它中间的两朵小白花看来有点像奥地利的国花雪绒花。当然，那仅是我的想象罢了。

马赛克胸针（张珑提供）

慢慢回忆并细细品味上述那些小玩意儿，别有一番滋味。它们所折射出的祖父的形象是一个充满生活情趣、有极高艺术鉴赏力的学者。他不仅是许多有关祖父的各种研究论文或传记中所反映出来的一位严肃古板的旧式学者，而是在那个历史转型的年代里，对开始传入闭关锁国的封建帝国的西方文化充满了兴趣盎然的探索和接纳新思想。

弟弟在编撰《张元济全集》和《张元济年谱长编》时，花了多年时间广为收集材料，发现了这样一段资料：

日本汉学家内藤湖南 1899 年访华，在他的游记里有来上海时与张元济先生笔谈的全文，除了探讨学术上的事宜之外，还有描述他来张家访问时所见的几行字："到张菊生（祖父张元济先生字菊生）家的时候，看到桌子上摆着整套的 *Encyclopedia Britannica*（《大英百科全书》），四面墙上挂满了价格不菲的各种科学挂图。不是专家而能如此好学，令人颇有感触。"（摘自内藤湖南《鸿爪记余》，载《燕山楚水》，内藤湖南著，吴卫峰译，中华书局 2007 年 5 月版，第 169 页。）

1899 的时候，祖父年仅 32 岁，尚未买下极司非而路的住宅，应该还是住在上海老式石库门里弄长康里的时代，所以这份记录极为宝贵。祖父好学的精神令日本汉学家感佩不已，也使我想起了另外一些洋玩意儿。祖父的书桌上有两块矿石，一块绿色，另一块略呈黑色。小时候天天看见，竟不知道它们是什么石头。还有一块较大的长形化石，上面可以清楚地看出一条鱼骨。祖父给这

略呈黑色的矿石（张珑提供）

块化石配上了一个红木座，想必是一件比较珍贵的收藏品。印象最深的是一个小的地球仪。地球如饭碗大小，置于一个木座架上，可以灵活地转动。地球的外面有两条木制的经线和纬线。地球上标明的地理位置可以一目了然。地名全部是外文的。在20世纪初，国内恐怕还没有把世界各国的名称全部翻译成中文，世界地图恐怕也都是从国外来的。所以讲到某些国外地名时，祖父往往都用英文。很清楚地记得有一次在饭桌上，祖父和父亲谈话时说“Lebanon”，我听不懂。后来才明白原来Lebanon就是黎巴嫩！祥保姊姊在一篇回忆祖父的短文中有如下的一段话：“家里的书，除了线装书、中文书以外，也还有外文书。我上了中学后，在一个柜子里发现各种学科的英文书，政、经、法、文、史、哲、天文、地理各类都有，如赫胥黎和莎士比亚的作品。在有些书中叔祖还加上了蝇头小字的眉批。”试想，一位清朝光绪年间的翰林，不仅饱读国学诗书，还能读各种英文的著作，并加上眉批，查阅*Encyclopedia Britannica*，学习“价格不菲的各种科学挂图”，这在那个时代的学者中恐怕是十分罕见的了。应该说，正因为他立足于深厚的国学功底，又放眼吸取了世界丰富多彩的科学和文化，才有可能成就他一生的辉煌事业。

（原载《风清月明：张元济孙女的回忆点滴》）

相关研究

张元济的意大利之行与南明天主教文献的发现

邹振环

张元济一生的主要成就在传统古籍的整理与出版，他也是清末民初西学在华传播的重要推动者。但学界很少注意到，张元济还相当关注海外汉学研究，1910年在环游世界的过程中，就非常留意收集、发掘西学汉文文献。有关他的意大利之行及在罗马梵蒂冈教廷图书馆发现南明天主教汉文文献一事，在已出版的张元济传记中则少有体现[①]。本文通过介绍张元济1910年环球之行中在罗马梵蒂冈教廷图书馆发现的《永历太妃肃罗马教皇笺》等，讨论张元济南明天主教文献发现的意义及其对海外汉学研究的贡献。

一、张元济环球之行与《环游谈荟》中记述的意大利

1910年3月17日，张元济自上海出发，经过厦门、广州、香港，进入新加坡、马来亚，在槟榔屿会见了康有为，4月至亚丁，入红海，然后经地中海，绕过直布罗陀，于5月2日抵达荷兰鹿特丹港，接着抵达目的地伦敦。之后再由英国转道抵达欧洲大陆，至比利时、荷兰、德意志、奥地利、匈牙利、瑞士、意大利、法兰西等，前后游历欧洲5个多月。欧洲游毕，再渡大西洋，前往美国，由东而西又阅月余，在旧金山乘舟渡过太平洋至日本，经半月小住，然后返回

① 柳和城《张元济环球之旅的新史料》（载《张元济研究》第2辑，2009年12月）和叶新等《张元济〈环游谈荟〉研究》（载《商务印书馆与中国现代文化的兴起国际学术研讨会论文集》，北京，2017年8月）两文，虽都述及张元济的意大利之行，但对其中南明天主教汉文文献发现之事，完全没有述及。

上海，完成了耗时十个多月的环球考察旅行。他后来根据回忆写下旅行文字《环游谈荟》，首刊于《东方杂志》1911年第八卷第一、二期，文内附有“柔佛国苏丹”“钟楼图”“槟榔屿海口”“印度僧人”“埃及回教礼拜堂”等12幅照片。环球之行的部分内容还以“环球归来之一夕谈”为题，刊载于宣统二年十二月（1911年1月21日）的《少年》杂志；《张菊生之教育谈》一文则刊载于1911年7月的《神州日报》。1911年2月的《申报》曾刊出上海商务印书馆“第三年《教育杂志》第一期”的广告，称：“本杂志开办已及三年，辱承教育界不弃，销数日增，足征吾国教育之进步。今年改定体例，力趋实际，期副阅者雅意于万一。今年之特色：门类略有更改，增修养一门，专述关于修德、习学、卫生、立身等事，一也；侧重实际，二也；张菊生参议环游世界，客腊返国，允将关于教育之心得及各种图片，交本社刊行，颇多吾人所未闻见者，三也；记事门分大事记及学事一束二部，极便检阅，四也。”①但是，后来《教育杂志》上似乎没有系统刊载过张元济环游世界之关于教育的心得及各种图片。《环游谈荟》也仅写到“抵英伦”便戛然而止，为何没有写完，原因未详。②

已经面世的《环游谈荟》部分基本上是日记体，而《环球归来之一夕谈》则是专题分国别记述的。据《张元济年谱长编》，张元济1910年10月3日抵达意大利米兰，10月4日抵达威尼斯，10月5日抵达佛罗伦萨，10月7日抵达罗马，在罗马逗留时间稍长，10月16日赴热那亚，10月17日参观哥伦布故居，18日离开意大利前往法国。③在《环球归来之一夕谈》关于“意大利”的小标题下，张元济写道：“我向西去，到了瑞士国。瑞士是个阿尔卑斯山中的小国，湖山环绕，景致最好。从瑞士走铁路，先到意大利国的北境，游了米兰和威内萨（今译威尼斯）两处。当元世祖时，欧洲人第一个来游历中国的马可·波罗，便是威内萨人。最后便到他京城罗马去。罗马的街道，甚不整齐，亦不洁净，一切情景，颇与我们京都相似。赌钱的风气极盛。由政府定立章程，准他开赌，每星期内开彩一次，政府重重抽他的税，作为补助教育的经费。”他记述意大利南境各省正在振兴学堂教育，也是把赌博的税收作为大宗经费。他预言：“现在意大利国内，南方不识字的人，十成中还有四成；北方不识字的人，十成中倒有七成。三年之后，必然大有进步了。”接着他还记述

① “第三年《教育杂志》第一期已出版”，《申报》1911年2月21日第1版，“告白”。

② 叶新等在《张元济〈环游谈荟〉研究》一文中认为，没有继续写完的原因是这次环球之游的回忆和总结，对张元济而言只是小事而已，由于各种俗务缠身，随着时间的推进，旅游经历的场景日益模糊，内容的时效性也越来越差，腰斩的可能性更大。

③ 参见张人凤、柳和城编《张元济年谱长编》，上海：上海交通大学出版社，2011年，第302～303页。

了“罗马的盲女学堂”：“我在罗马，去看一个盲女学堂。女学生排班来迎，并献祝词。末后几句道：‘愿先生回国之后，竭力开设此种学堂，以教贵国之盲女。果如此，则不但贵国之苦同胞受益，并我辈也感祷不尽。’我听了很觉难受。”游历意大利最后部分的记述是“科仑布的故乡”，他写道：“我从罗马向北，到了热那亚。这是第一个证明地圆、渡过大西洋、寻得南北美洲的科仑布之故乡。我并且访他的故居，徘徊片刻而去。”①张元济非常喜欢欧洲的艺术，在他回国携带的物品中，除了盲人读物、盲人打字机，以及盲童使用的木制立体教具外，还有不少是欧洲的绘画、雕塑、建筑的画册和明信片，在张元济后人捐赠的文物图录中，就有罗马斗兽场的石版画②。但在其整个意大利和罗马游历的记述中，却没有提到梵蒂冈教廷。意大利之行中，张元济完成一项重要的工作，就是在罗马梵蒂冈教廷图书馆发现了《永历太妃肃罗马教皇笺》等南明王朝有关天主教的汉文文献。

二、出访罗马梵蒂冈期间发现的《永历太妃肃罗马教皇笺》等天主教文献

1910年11月25日，张元济在环球之行途中访问纽约中国留学生会馆，应邀发表有关基督教与中国现势及前途之关系的演说时，介绍了自己在梵蒂冈发现的明代永历太妃和庞天寿致教皇书二通：“鄙人此次游历欧洲，道经罗马，在教皇宫中见有明代皇太后致教皇国书一通。上书‘大明宁圣慈肃皇太后烈纳’，末书‘永历四年十月十一日’，盖有‘宁圣慈肃皇太后宝玺’。文书中大旨谓已已受圣洗，并皇太后玛利亚、皇后亚纳、皇太子当定均已入教，求圣父在天主前代求赦罪，并保佑国家中兴太平。又请多派教士到华传教等语。此外，尚有司礼监太监庞亚基楼上教皇书一通，亦同时寄罗马者，自称入教已二十余年，词意亦与宁圣慈肃皇太后书相同。是可知耶教流传在明时极为兴盛矣。”③

1644年满清入京，崇祯帝殉国，福王称帝于南京。之后不久南京失守，唐王称帝于福建，号曰隆武。隆武被执后，丁魁楚、瞿式耜（洗礼名

① 上述引文均见叶新选编、张元济等著《环游谈荟》，北京：北京艺术与科学电子出版社，2017年，第36～38页。

② 海盐县文化局编：《文心事象——张元济后人捐赠文物图录》，杭州：西泠印社出版社，2017年，第13～14页。

③ 张元济：《十月二十四日在纽约中国留学生会馆演说大意》，载张人凤编《张元济全集·诗文》（五），北京：商务印书馆，2008年，第161～163页。

Thomas，多马）奉桂王称帝于肇庆，改元永历。永历是万历之孙，在位十五年，幸赖奉教大臣瞿式耜、庞天寿、焦琏（洗礼名 Lukas，路加）等之力，勉力支撑南明王朝的残局。永历朝廷中有一些王族教徒，除了著名的庞天寿①之外，还有王皇太后、马皇太后（圣名 Maria，玛利亚，永历帝父之次妃）、永历帝正后王氏（圣名 Anna，亚纳）、皇子慈烜（圣名 Constantinus，公斯当定）。宫中领洗的有五十人之多，其中最著名的为王皇太后，圣名赫肋纳（Helena），简称烈纳②，她并非永历帝（即永明王，亦称桂王）的生母，而是熹宗（天启）之妃，王后死进位为后，既然是先帝之后，于礼制便视为在位皇帝之母。王皇太后曾遣使至澳门献祭，并欲遣使至罗马谒教皇，庞天寿本愿自往，太后以其年高，乃改派来自波兰的耶稣会士卜弥格（Michel Boym，1612—1659）神甫前往。卜弥格于永历四年（1650，清顺治七年）从澳门出发，经琼州海峡走东京（越南河内）和柬埔寨沿海一带，途经果阿、莫卧尔、波斯、亚美尼亚、麦那，于 1652 年 11 月底或 12 月初到达威尼斯，次年到达罗马。他持国书二通，一上教皇，一致耶稣会长，信中请求为中国祈祷太平，并多派教师来中国传教。庞天寿亦备上教皇书请卜弥格一并带往。卜氏在途历二年始达罗马，适教皇因诺曾爵（Giovanni Battista Pamphili，今译英诺森十世，1574—1655。在位期间：1644 年 9 月 15 日—1655 年 1 月 7 日）故世，新教皇为亚历山大第七（Alexandre Ⅶ，1655—1667），反复验明身份后才得教皇回书。及 1658 年回到中国，太后已死，他辗转到达广西边界，获悉中国已完全被清征服，忧郁、疲

---

① 庞天寿（1588—1657），顺天府大兴县人，明末宦官，历任崇祯、弘光、隆武、永历四朝御马太监、司礼太监等职。1629 年领洗入天主教，教名亚基楼·契利斯当（Aekilleus Christianus），是最早入教的太监之一。庞氏奉教及其通过天主教人脉网络为永历效力等事，中文文献仅有王夫之《永历实录》中略有记载，但对其做法颇不以为然。西文文献对庞天寿的记载，教会史家对其虔奉天主颇多赞誉。早在天启年间，庞天寿受洗于汤若望（Johann Adam Schall von Bell，1592—1666）。1644 年北京陷落，南明诸朝相继建立，庞氏在朝中的地位不断攀升，在教会中的作用也越发重要。1645 年，葡萄牙耶稣会士何大化（Antoine de Gouvea，1592—1677）在福州拜见任司礼监的庞天寿后，称其为教会的柱石。他在永历朝与天主教关系方面发挥了重要作用，但因曾威逼永历禅位于张献忠部将孙可望，为中国传统史家所不齿。参见方豪《中国天主教史人物传》，北京：宗教文化出版社，2007 年，第 202 ~ 205 页。

② Helena，今译海伦娜。历史上促使罗马帝国皈依基督教的君士坦丁大帝的母后也叫海伦娜（拿破仑流放的圣赫勒岛即以她命名），可见耶稣会在华教士为之取名时所寄予之厚望。

惫使他一病不起。[①]

张元济发现的南明王太后致教皇国书，是指永历四年十月十一日（1650年11月4日）王皇太后致英诺森十世的信，或称《永历太妃肃罗马教皇笺》《永历朝太后致谕罗马教皇因诺曾爵书》等，该笺被方豪称为张元济在宣统三年（1911）访问梵蒂冈教廷图书馆时发现的“最重要的文献”[②]。这里方豪有误记。张元济的环球之行基本是在1910年内，1911年1月已经日本返沪，在罗马/梵蒂冈的时间应为1910年10月间，具体时间是在10月11日前后。[③]他在11月访问纽约中国留学生会馆发表演说提及自己参观教皇宫时，见到了明代永历太妃致教皇国书一通和庞天寿上教皇书一通。《永历太妃肃罗马教皇笺》全文如下：

大明宁圣慈肃皇太后烈纳致谕于因诺曾爵

代天主耶稣在世总师、公教皇主圣父座前：窃念烈纳本中国女子，忝处皇宫，惟知阃中之礼，未谙域外之教。赖有耶稣会士瞿纱微在我皇朝，敷扬圣教，传闻自外，予始知之，遂尔信心，敬领圣洗。使皇太后玛利亚、中宫皇后亚纳及皇太子当定，并请入教领圣洗，叁年于兹矣。虽知沥血披诚，未获涓涘答报。每思恭诣圣父座前，亲领圣诲；虑兹远国难臻，仰风徒切。伏乞圣父向天主前，怜我等罪人，去世之时，赐罪罚全赦。更望圣父与圣而公一教之会，代求天主保佑我国中兴太平。俾我大明第拾捌代帝、太祖第拾贰世孙主臣等，悉知敬真主耶稣。更冀圣父多送耶

① 关于卜弥格与南明王朝的关系，中外学者论述甚多，伯希和（Paul Pelliot，1878—1945）的《卜弥格传补正（Michel Boym）》一文指出，在20世纪西方已出版有《波兰耶稣会士卜弥格及中国明朝之亡（1646—1662）对于极东传教会史之贡献》《卜弥格奉使传》（参见冯承钧译《西域南海史地考证译丛》第3卷，北京：商务印书馆，1999年，第178 ~ 179页）。中国学者杜亚泉、张星烺、顾保鹄、罗光、方豪、黄一农、张西平等均有专文讨论。

② 参见方豪《中国天主教史人物传》，第206 ~ 210页。

③ 梵蒂冈教廷图书馆收藏有多种20世纪初商务印书馆出版的教科书读本，如《马氏文通》（1898年版）、《华法启蒙初集》（1904年版）、《和文汉译读本》（1906年版）、《国语教科书》（初等小学第三四年用，1907—1908年版）、《最新国文教科书》（初等小学用，1909年版），笔者推测很可能系1910年张元济来梵蒂冈查找文献时赠送的。这一推测也得到梵蒂冈教廷图书馆余东教授的认同，遗憾的是梵蒂冈图书馆1910年的档案卷宗正好遗失，无从查核。余东教授曾多次耐心作复，特此鸣谢！

稣会士来广传圣教。如斯诸事，俱惟怜念；种种眷慕，非口所宣。今有耶稣会士卜弥格，知我中国事情，即令回国致言我之差圣父前，彼能详述鄙意也。俟太平之时，即遣使官来到圣伯多禄、圣保禄台前，致仪行礼。伏望圣慈鉴兹愚悃。特谕。

永历四年十月十一日[1]

太后的上书用黄绢书写，凡有教皇教会等字样处均抬头，以表敬意。其笺作卷轴式，卷外有签，题曰“因诺曾爵代天主耶稣在世总师、公教真主圣父座前”。回国后，张元济将发现的《永历太妃肃罗马教皇笺》和《永历太监庞天寿奉罗马教皇书》两件的照片，发表于《东方杂志》1911 年第八卷第五号卷首。该刊所载《永历太监庞天寿奉罗马教皇书》全文如下：

大明钦命总督粤闽恢剿、联络水陆军务、提调汉土官兵兼理财催饷便宜行事，仍总督勇卫营兼掌御马监印、司礼监掌印太监庞亚基楼契利斯当，膝伏因诺曾爵代天主耶稣在世总师、公教真主圣父座前：

切念亚基楼，职列禁近，谬司兵戎，寡味失学，罪过多端。昔在北都，幸遇耶稣会士，开导愚懵，劝勉入教，恭领圣水，始知圣教之学，蕴妙洪深，夙夜潜修，信心崇奉，二十余年，罔敢少怠。获蒙天主庇佑，报答无繇，每思躬诣圣座，瞻礼圣容，讵意邦家多故，王事靡盬，弗克遂所愿怀，深用悚仄。但罪人一念之诚，为国难未靖，特烦耶稣会士卜弥格归航泰西，来代告教皇圣父，在于圣伯多禄、圣保禄座前，兼于普天下圣教公会，仰求天主慈照我大明、保佑国家，立际升平。俾我圣天子乃大明第拾捌代帝、太祖第拾贰世孙主臣，钦崇天主耶稣，则我中华全福也。当今宁圣慈肃太后，圣名烈纳；昭圣皇太后，圣名玛利亚；中宫皇后，圣名亚纳；皇太子，圣名当定，虔心奉圣教，并有谕言致圣座前，不以宣之矣。及愚罪人，恳祈圣父，念我去世之时，赐罪罚全赦，多令耶稣会士来我中国，教化一切世人悔悟，敬奉圣教，不致虚度尘劫。仰徼大造，实无穷矣。肃此，少布愚悃，伏惟慈鉴，不宣。

---

① 《永历太妃肃罗马教皇笺》原件藏梵蒂冈档案馆，目前正在修复之中，现提供给读者阅览的是该函件的复制品。笔者引用的文字参见《东方杂志》1911 年第八卷第五号卷首，标点为笔者所加。该笺日期旁钤有“宁圣慈肃皇太后宝”御印，笺中提及的瞿纱微（André Xavier Koffler，1603—1651），又名瞿安德，奥地利人。1627 年加入耶稣会，1646 年到澳门，旋即被派随军支援永历政权，深得永历帝的信任，并获准在宫中传教，使永历宫中充满天主教气氛。参见［法］费赖之《在华耶稣会士列传及书目》上卷，冯承钧译，北京：中华书局，1995 年，第 270 页。

永历四年，岁次庚寅，阳月弦日书。[①]

也许是受19世纪末日本学者箕作元八、田中义成、坪井九马三、桑原骘藏、佐伯好郎等相关研究的启发[②]，张元济1910年访问罗马梵蒂冈教廷，特别留意南明天主教汉文文献。对于《永历太妃肃罗马教皇笺》（或称《烈纳太后上教宗书》）和《永历太监庞天寿奉罗马教皇书》，张元济秉承学术乃天下之公器的理念，回国后即将两文提供给《东方杂志》主编杜亚泉（1873—1933），两文的影像版首刊于《东方杂志》1911年第八卷第五号卷首。同期还刊出杜亚泉署名"高劳"撰写的《永历太妃遣使于罗马教皇考》予以介绍，文中附录《王太妃致耶稣会总统书》[③]。冯承钧在《明末奉使罗马教廷耶稣会士卜弥格传》的序言中郑重写道：因为明室奉教和卜弥格出使的历史，"在中国载籍中几无迹可寻，赖张菊生先生在教廷中发现王太后上教皇书，始明其事之非伪"。[④]以往关于南明王朝内皇族成员和太监信奉天主教一事，并无确凿的汉文文献加以证实，张元济这一组原始汉文西学文献的发现，无论在中国学界还是教界，都产生了很大影响，被天主教学者徐景贤认为是民国初年最为"中国学者称道"的"一脍炙人口之事件"。他还在《罗马教宗与中国》一文中全文转录影刊在《东方杂志》上的这两篇函件，并称："观此二函，足征信心之发越，奉教之虔诚，尤其对圣座，异常示敬礼，诚中华圣教会史中荣誉之一页，允留佳话者也。"[⑤]

① 据余东教授查检，《永历太监庞天寿奉罗马教皇书》现并不藏于梵蒂冈档案馆，所藏地点不详，可能为罗马传信部档案馆。笔者引用文字参见《东方杂志》1911年第八卷第五号卷首，标点为笔者所加。庞氏另有《上耶稣会宗会长书》《上罗马教廷大宗相公若望路我书》和《致物搦齐亚光地皇诸侯及公朝总会书》等。参见方豪《中国天主教史人物传》，第202～205页。

② 参见黄一农《两头蛇》，上海：上海古籍出版社，2006年，第358页注释5。

③ "大明宁慈肃皇太后烈纳敕谕耶稣会大尊总师神父：予处宫中，远闻大主之教，倾心既久；幸遇尊会之士瞿纱微，领圣洗，使皇太后玛利亚、中宫皇后亚纳及皇太子当定，并入圣教，领圣水，阅三年矣。今祈尊师神父，并尊会之友，在天主前，祈保我国中兴太平，俾我大明第拾捌帝、太祖拾贰世孙主臣等，悉知敬真主耶稣。更求尊会相通功劳之分，再多送老师来我国中行教。待太平之后，即著钦差官来到圣祖总师意纳爵座前，致仪行礼。今有尊会士卜弥格，尽知我国情事，即使回国代传其意，谅能备悉，可谕予怀。钦哉！特敕。永历四年十月十一日。"按，标点为笔者所加。

④ ［法］沙不烈：《明末奉使罗马教廷耶稣会士卜弥格传》，冯承钧译，上海：上海古籍出版社，2014年，第1页。

⑤ 原文载《益世主日报》1929年第25期，转引自赵中亚选编《徐景贤文存》，南京：江苏人民出版社，2016年。

三、小结

讲述张元济的出版与学术贡献，我们多会想起《百衲本廿四史》《四部丛刊》，会提及他的《校史随笔》《涉园序跋集录》。其实，张元济早年曾是西学在华传播的重要推动者[①]，也是清末重要西书译述机构———南洋公学译书院的主持人[②]，他于1903年进入商务印书馆担任编译所所长，仍非常重视严译名著、林译小说和汉外辞书的编刊[③]。但张元济关注海外汉学研究，并留意搜集南明天主教汉文文献的事实，却很少为张元济的研究者所注意。这一重要的历史事实，在现有张元济传记中却少有提及，也为后来整理和编纂其《环游谈荟》者所忽略。

1910年，在环游世界出访意大利罗马的过程中，张元济不仅重视对欧洲出版实业的调研，在意大利也进行特殊教育的考察，同时留意与天主教在华传播相关的天主教汉文文献，到罗马梵蒂冈教廷寻找、收集有关天主教汉文文献。张元济1910年11月25日访问纽约中国留学生会馆，并在应邀发表的有关基督教与中国现势及前途之关系的演说中，专门介绍了自己在梵蒂冈的发现；回国后，又将发现的《永历太妃肃罗马教皇笺》和《永历太监庞天寿奉罗马教皇书》二通书函，刊载于《东方杂志》，显示出其对于南明天主教汉文文献学术价值和现实意义的深刻认知。他的发现，以确凿的史料，证实了关于南明王朝皇族成员和太监信奉天主教的历史，在国内学界、教界产生了很大影响。

岳麓书社2016年推出的《张元济环游谈荟》（收入“走向世界丛书”续编第65种《道西斋日记·环游谈荟》），除了收入发表在《东方杂志》上的《环游谈荟》外，还将《环球归来之一夕谈》《张菊生之教育谈》和旅途中致沈曾桐的信函作为三个附录。叶新等建议应该将“环游谈荟”作为张元济这次环球之行记述的总标题或者单行本的书名，还应该收入其间张元济与相关人士的通信、西方国家报纸对张元济这次环球之旅的报道，以及张元济家人有关这次环

① 参见邹振环《通艺学堂：维新运动时期张元济人才教育思想的一个分析》，载海盐县政府、海盐县图书馆编《出版大家张元济——张元济研究论文集》，上海：学林出版社，2006年，第393 ~ 405页。

② 邹振环：《张元济与南洋公学译书院》，载海盐县政府、海盐县图书馆编《出版大家张元济——张元济研究论文集》，第768 ~ 774页；参见邹振环《江苏翻译出版史略》，南京：江苏人民出版社，1998年，第205 ~ 225页。

③ 参见邹振环《张元济与“韦伯斯特辞典”的编译与出版》，载上海档案馆编《上海档案史料研究》第十四辑，上海：上海生活·读书·新知三联书店，2013年，第108 ~ 130页；邹振环《张元济的中西文化观——以商务印书馆早期英汉辞书编刊为例》，载张元济研究会、张元济图书馆编《张元济研究论文集》，北京：中国文史出版社，2014年，第31 ~ 62页。

球之行的回忆文字。[1]这一看法我颇为赞成，当然，还应该收录张元济在罗马梵蒂冈教廷图书馆发现的上述汉文西学文献，以及杜亚泉署名“高劳”在《东方杂志》上发表的介绍文章，如此才算完整。

附记：本文2017年7月完成于梵蒂冈图书馆—罗马大学旅次。感谢罗马大学东方学院保罗（Paolo Detroia）教授联系罗马大学的资助，使我的意大利罗马访学能够成行。保罗教授、马西尼（Federico Masini）教授和罗亮博士在罗马期间所给予我的种种帮助，当铭记不忘。本文内容2017年10月24至25日曾在海盐县人民政府、商务印书馆、上海文史研究馆主办的“纪念张元济先生诞辰150周年暨第五届张元济学术思想研讨会”上报告。

（原载《安徽大学学报》（哲学社会科学版），2018年第2期）

① 叶新等：《张元济〈环游谈荟〉研究》。

张元济环球之旅的新史料

柳和城

张元济先生1910年至1911年期间的环球之旅，是他一生中的重大事件之一，对他“喜新厌旧”“与时俱进”思想的形成产生过重大影响。由于时代较远，史料散失，当年张元济在欧美各国考察的具体情况知之甚少。他回国后在《东方杂志》上发表的《环游谈荟》，是件未完成之作，只记述到抵达伦敦就戛然而止。笔者参加编著的1991年版《张元济年谱长编》，利用了一些张元济书札中的材料，但是这些材料较为零碎，一年有余的考察经历仍有不少“空白点”。

近年以来，笔者先后查到两篇当时报刊上发表的张元济先生关于此次环球之旅的谈话记录稿，记录详尽，细节丰富，足可补《环游谈荟》未竟之憾。

第一篇，《环球归来之一夕谈》（以下简称《一夕谈》），连载于《少年杂志》第一卷第二、三册（1911年3月、4月）。

《一夕谈》是《少年杂志》主编孙毓修以记者名义记录的一篇张氏演讲稿，文前孙毓修的按语云：

> 海盐张菊生先生，名元济，上年二月间，到外国去游历。从上海动身，历览南洋各岛，即到欧洲。在英国上岸，再由英到欧洲大陆，至比利时、荷兰、德意志、奥地利亚、匈牙利、瑞士、意大利、法兰西等国，共五月有余。在欧洲游毕，然后渡大西洋而入美洲，由东而西，又阅月余。在旧金山乘舟，渡太平洋，经过日本，又在日本住半月。归至上海，适环游地球一周。张君之朋友开会而欢迎之，并公宴之于一品香。记者亦预会，听其演说，颇有感触，归来用笔记之，以供未游者之一读。

此次公宴日期，蒋维乔的《退庵日记》中有记载：庚戌十二月二十一日（1911年1月21日），“晚虞含章、杜亚泉等发起晚餐会，在一品香宴张菊翁，请其演说环游地球一周情景。凡演述三小时，所中同人及外来者共到四十余人”。

《一夕谈》全文约六千字，分以下24节：

游历总纲　我国出洋的苦工　新嘉坡的华侨　柔佛国的苏丹　华侨的赌兴　槟榔屿　可伦坡的茶叶　苏彝士运河　波特赛得　伦敦的中国古书　英国人忠君的心肠　比利时的博览会　荷兰国的北海口　德意志、比利时两国的教育　奥国的今皇　匈国人遇同种的感情　多瑙河好比长江　意大利　罗马的盲女学堂　科仑布的故乡　巴黎的中国古书　美国的纽约　美国的幼童审判所　华侨之学堂

每节长则七八百字，短则百十来字。“游历总纲”叙述游历概况，所到的城市基本都有记载。“我国出洋的苦工”一节记述船上遇“猪仔”事，与《环游谈荟》略同，此事对他心灵震撼之大，由此可见。南洋各岛的见闻与《环游谈荟》也基本一致，有的还稍简略，而“可伦坡的茶叶”，则为前文所未及。张元济说：“……锡兰向来是著名产咖啡的地方，近来改种了茶树，出数甚多。有条铁路，从产茶地方通到可伦坡。我国茶叶的卖买，很被他占去不少。”说明张考察中不仅关心教育和出版，而且也注意到了各国经济与我国的出口贸易问题。这在我们已知的材料中是不多见的。

关于欧洲的游程，如到大英博物馆和巴黎国家图书馆参观敦煌遗书、英皇逝世、参观布鲁塞尔博览会、考察德国比利时学校等，张元济的一些书札中有或详或略的记载，而《一夕谈》有关各节都会有或多或少新的内容可供钩沉辑佚。《一夕谈》里独有的内容也不少。譬如“奥国的今皇”一节云：

我到奥国之时，刚值奥皇八十岁的寿辰。国人因为奥皇生平好猎，趁着这时候，在维也纳京城内开了一个打猎会，非常的欢喜热闹。

张元济到维也纳遇上“打猎会”，其他材料中没有记载。又如“匈国人遇同种的感情”一节，称匈牙利人传说是我国汉代匈奴的后裔。当时匈牙利属于奥匈帝国的版图，民族独立运动正在悄悄兴起。张元济与友好的匈牙利人有所叙谈，他回忆说：

他们不忘其先，看得亚洲是他们的旧家。见了亚洲人也很亲热。他们对我道：“敝国现在虽然极力自强，抵挡白种人的势力，不过醒悟太迟，事便难做。”他们还这样说，我回想到中国的情形，真不可说了。

1991年版《张元济年谱长编》只记了1910年9月谱主“抵布达佩斯”“参

观布达佩斯补习学校”和“游布达佩斯天主教堂”三条行踪，上述史料弥足珍贵。张听了匈牙利友人一番话语后的感慨，更让我们触摸到了一位爱国志士跳动的脉搏。

张元济每到一地，都要考察各种学校。他有一封致陶葆霖、高梦旦的信，叙述在柏林参观学校的情景颇详。《一夕谈》里也有类似的记载。1910 年 10 月 11 日他考察罗马残废顽钝学校，则是《一夕谈》一文独有的内容。他在“罗马的盲女学堂”一节中说：

> 我在罗马，去看一个盲女学堂。女学生排班来迎，并献祝词。末几句道：“愿先生回国之后，竭力开设此种学堂，以教贵国之盲女。果如此，则不但贵国之苦同胞受益，并我辈亦感祷不尽。”我听了很觉难受。

“意大利”一节还追述了马可·波罗与中国的渊源；介绍了意大利政府重抽赌税，“作为补助教育的经费”；以及意大利文盲率和当时国家教育投入等。这一切，无疑是我们研究张元济教育思想发展变化极好的材料。

张元济在美国的行踪，以前只知道他参观过《纽约先驱报》报社大楼，应邀出席过中国留学生的欢迎集会，并与旅美中国飞行家冯如有过一次会晤，如此而已。《一夕谈》里“美国的幼童审判所”和“华侨之学堂”两节，恰为我们留下难得的新史料。“美国的幼童审判所”一节云：

> 童子犯罪，理当另有一个办法，可以保全他的良善天性。欧洲各国尚没有幼童审判所，只有美国已经成立。我去参观了，很为感动。警察带了一个年约十岁以外的童子来，对审判官道，此童偷人家的马鞭。审判官变了很和气的面目，问这童子。因没有证据，即时开释了。另外又有一个幼童，人家告他偷鸽子。审判官知道他已是第二次犯案了，也满面和气的低声问他。童子回说：“这是旁人教我偷的，并不是我的主意。”审判官驳他道：“我前次教你不要偷，你不肯听。他人教你去偷，你倒听了。你不错了主意了吗？”幼童登时泪流满面。官便判他到幼童犯罪学堂里去，读书改过。这个幼童审判所，设在纽约城中一条最热闹的街上，房屋却是极小的。
>
> 纽约的幼童犯罪学堂，我也去看过，办得十分精密。我看幼童在学堂里照常上课，和寻常学生一样，并他自己也不觉得身在犯罪学堂里。

所谓“幼童犯罪学堂”，大约就是如今类似的“工读学校”吧。这是一种改造犯罪少年的特殊教育机构，张元济参观以后，对其富有人情味的感化教育方式叹为观止。从一个侧面反映了这位杰出教育家人性化的教育理念。

《一夕谈》分两次刊完，配有20多幅插图。有地图，有各地自然风光、城市建筑、人物、古器，为文章增添可读性和亲切感。这应是张元济先生的一篇重要佚文，现已收入新出版的《张元济全集》第5卷之中。

第二篇，《张菊生教育谈》（以下简称《教育谈》），连载于1911年7月2日、4日上海《神州日报》。

该报1911年6月28日刊出寰球中国学生会广告，预告次日晚八时请张菊生先生在会所演讲。《教育谈》未署记录人姓名，全文分两日连载。演讲会由寰球中国学生会名誉会长伍廷芳主持。张元济讲的都是考察欧美教育的观感，没有涉及其他。从小学堂的课程设置谈起，他对欧美小学生动手能力之强，留下深刻印象。他说：

> 西国各小学校，每兼教金工、木工等事，校舍、校器辄能自行修造，不烦匠作。盖于小学教育之中，兼有实业教育之意，无非使学生将来皆有实用。……余曾见课桌上置一田鸡，形状宛然，询知为最幼学生之所作也。

他叙述了在一所小学校里观摩救火演习的动人场景，用了“令人惊讶”一语。对地理、生理学课堂教具模型之精美、丰富，他感慨不已。从欧美各国教育的普及程度，张元济则提出了“贫民教育”的新观点。他说：

> 各国中小学校，随地皆有，触目皆是。虽极贫子弟，形状不洁者，亦无不入学肄业。其学校规模，随宜布置，绝无铺张侈饰之象。返观吾国，每县有小学堂若干所，每一所年费数千金，非绅富有力之子弟，无望入校肄业。然则教育所及，仅被于贵族、富族，而贫民皆无由造就。岂非与西国太相反耶？从前余在乡间，尚见私塾、训蒙馆教授贫民子弟，今则蒙馆渐尽，贫民识字读书者愈少。国家教育之缺点，惟赖社会教育有以补之。愿在座诸君注意于贫民教育，则鄙人之所望耳！

1902年年初，张元济在罗振玉主编的《教育世界》杂志上发表《答吾友问学堂事书》一文，提出教育普及的思想：“无良无贱，无长无少，无城无乡，无不在教育之列也。”九年之后，他又走到了社会和时代的“前卫”——提出“贫民教育”的重大命题，尽管没有来得及展开论述。欧美各国学校男女同校、女教师众多等情况，无疑给张元济也带来许多联想，他呼吁道：“各国女子教育皆极注重，中国尤当取法。”

《教育谈》以不小的篇幅介绍欧美的特殊教育。张赞叹道："西国之育[盲]哑学堂尤为中国所罕见"，"曾见其教盲之法，教师以针刺纸孔为字形，令盲生以手抚纸，辨其字形。其学科尤以音乐、算学为重要。……"他还向听讲者描绘所见盲生学数学、学打字的具体情况。《一夕谈》里曾记述了他参观罗马盲校时的所见所闻，《教育谈》里更为详细。他说：

余在意大利国往观一盲学校，有学生闻余在旁参观，乃手写一纸以畀余，略谓：世界受苦之人，盲聋为甚，亦惟盲聋人能知盲聋人苦状。今蒙张君惠观本校，因念张君之祖国中亦不少哑聋之同类，但愿张君返国后设法启迪盲学，亦吾侪同类之幸福也，云云。余本不解意大利文字，因有友人以英语转详［译］示余。盲生之见解如此，实令人嘉尚无已。

张元济两次讲演都讲了这个故事，可见此事对他印象之深刻。

从特殊教育联想到学校的体操课，张元济不无感慨地说："体操为最要之科，尝观西人至五六十岁犹能振作精神，按时任事。而吾国人年至四五十已觉渐衰，盖由于无体育。今当振兴军国民教育之时，尤当仿其种种教授法暨其简易之法，以期普及。"

显然，以上海外见闻对于张元济思想的变化和进步，至关重要。研究他教育观的形成与发展，这也是不可多得的珍贵史料。

（原载《张元济研究》第2辑，2009年12月）

新发现张元济先生首通英文函

宋　兵

由张人凤老师收集、整理，商务印书馆出版的《张元济全集》，是张元济先生一生留下的最全面的文字史料。从2007年9月开始出版，至2010年11月出齐，共十卷本。按体裁分类编辑，包括书信、诗、文、日记以及古籍研究五类。其中第一、二、三卷是书信，除了收录以前出版物中已有的书信外，增加了后来陆续发现的未曾收录于出版物的书信，总篇幅达到4753件（包括第一卷至第三卷收录的4475件及第一卷至第五卷截稿后，又发现的收录于第十卷末补遗的278件）。

尽管张元济先生的书信散失率是比较高的，但在留下的文字中仍占相当大的比例，反映了先生务实、勤勉的一生。然而，所留下的近5000件信函中，无一例外全是中文信件。此次首通英文信件的重现，在张元济先生史料研究中，是一个极其重要的发现。重现的经过虽无离奇，但也曲折、有趣。

一、信件背景

张元济先生1910年3月17日从上海登轮起程，进行欧美各国考察，至1911年1月回国，用了将近一年的时间，考察了欧美十多个国家和地区，涉及文化、教育、出版、印刷等诸多领域，以世界的眼光，把握教育、出版事业的最高水准，对商务印书馆的发展大有裨益。但这段时间迄今未发现留有日记，在《东方杂志》上刊登的《环游谈荟》也只记述到抵达伦敦就戛然终止，而当时每到一地寄回家中的明信片也都在“文化大革命”时化为灰烬，因此留下的资料很少。但从仅存的文章和书信等资料中也能够反映出较连贯的考察时间脉络。

1910年10月26日，先生由清政府驻英国公使馆介绍，参观法国国家图书馆，在保罗·伯希和（法国汉学家、探险家）陪同下，观看了该馆所藏伯希和搜集的中国敦煌文献。张元济先生回国后在《环球归来之一夕谈》中提到“英人史泰音（今译斯坦因）先在我们敦煌县石洞里得了古书，运到本国，被法国一位博士名叫伯希和的知道了，也亲到敦煌游览，步他的后尘，从一个老道士手里得了许多……”（《张元济年谱长编》第303页）1911年3月23日致汪康年书中也提到，先生在晤见伯希和时“知英人某先彼至敦煌，所得亦甚富”。（同上引文）由于“彼时本欲录存，无如法国国家十分郑重，不许常人观览。弟由公使馆介绍，特别许可，且由伯君伴往，跬步不离。重房密屋，光线甚乏，而伯君又匆匆欲行，故只能略观大概”（致汪康年书，《张元济全集》第二卷第199页）。在得知英人斯坦因得有敦煌古书后，便于10月30日“离巴黎，经加来斯渡海返伦敦”（《张元济年谱长编》第306页）。次日，张元济先生便请清政府驻英使馆翻译陈贻范先生帮助他与斯坦因取得联系，并介绍他去大英博物院调查斯坦因搜集品。陈贻范为了将张元济先生介绍给斯坦因，就从清政府驻英使馆给斯坦因写了一封信，向斯坦因介绍了张元济先生，其中提到“张元济先生是一位优秀的中国学者，当他得知我在前文中提及的那些发现时，他便对那些发现物产生了极大的兴趣。如果他能够获得一次机会，能亲身去结交您这位伟大的中亚考古学探险家，那他将会把这次机会视作莫大的愉悦”。张元济先生得到陈贻范写的介绍信后，便前往大英博物院，欲和斯坦因会晤，同时调查斯坦因敦煌搜集品。在大英博物院，张元济先生参观了一些馆藏汉文古籍的敦煌文物展览品。由于斯坦因对搜集品有监护权，调查敦煌文献要征得斯坦因的同意，但其间并没有见到斯坦因。经管理员介绍，斯坦因经常往来于伦敦和牛津之间，还把斯坦因在牛津的通信地址告诉了张元济先生，建议张元济先生写信预约见面的时间（王冀青《斯坦因与陈贻范交游考》）。

因此，张元济先生于1910年11月4日在他下榻的伦敦西区中央旅社，用印有“伦敦南安普顿路，西区中央旅社”信头的信笺，给斯坦因在牛津大学默顿学院的地址写了这封英文信件，信中还附寄了陈贻范的介绍信。

11月5日，张元济先生在伦敦参观维多利亚和阿尔贝脱博物馆。“先生在伦敦期间，晤斯坦因。斯氏以《新疆路线图》相赠。先生记述云：‘英国斯泰音博士自刊其游历新疆路线图。宣统二年夏，余至伦敦，晤博士于不列颠博物院。博士以此图见贻’。”（《新疆路线图》识语，抄稿，《张元济年谱长编》第307页）并参观了大英博物院图书馆，见馆藏敦煌文献。“到英访得，亦入国家图书馆矣。其珍密一如法人……其四部书亦已商妥，将来亦可影照也。”（致汪康年书，《张元济全集》第二卷第 199 页）从致汪康年的信中可以推测，张元济先生应该是第一位在法国和英国看到流失敦煌文物的中国学者。

二、信件内容

原件英文录入如下：

West Central Hotel
Southampton Row
London, Nov. 4, 1910

Dr. Stein
Merton College
Oxford

Dear Sir,

I am anxious to see the collection of old Chinese books you discovered in Tun Whang, China, which are now in British Museum in your charge, and more anxious to make your acquaintance.

To this end, my friend Mr. Ivan Chen has been good enough to give me a letter of introduction to you.

Mr. Giles Jr. of the Museum Library told me that you do not frequent Oxford and as I am leaving this country on the 9th just, and much pressed for time, I should deem it a great favour if you would kindly let me have an opportunity of seeing you and also appoint such time and place as best suit your convenience.

I beg to forward you enclosed herewith Mr. Ivan Chen's letter.

Yours faithfully
Chang Yuan Chi

中文翻译如下：

致牛津大学默顿学院斯坦因博士

尊敬的斯坦因先生：

我急于希望一睹您在中国敦煌发现并保存于大英博物馆的中国古籍。我也迫切期待有幸认识阁下。

为此，我的朋友伊万·陈先生特地为我写了一封介绍信。从大英博物馆图书馆的小吉尔斯先生处得知您不常去牛津。但事不凑巧，我已定于9日离开贵国，故时间紧迫。如果能蒙您的关照，安排我在您认为合适的时间和地点拜见您，将对我是一个莫大的荣幸。

请允许我随信奉上伊万·陈先生的介绍信。

您的诚挚的，张元济

1910年11月4日

于伦敦南安普顿路西区中央旅社

三、信件重现

2009年，张人凤老师去美国探亲期间，在网上搜索研究资料的时候偶然看到了北京大学中国古代史研究中心荣新江教授的一篇文章《中国敦煌学研究与国际视野》（载《历史研究》2005年第4期），文章中提到了这封信："匈牙利科学院图书馆藏有张元济1910年11月4日给斯坦因的信，显然与其参观敦煌写本及影印秘籍事有关，惜尚未公布。"张人凤老师此时编辑《张元济全集》到了后续阶段，前三卷书信出版后又陆续收集了较大篇幅的信函，准备出补遗，这封信的发现让张人凤老师很是兴奋，因为这是目前发现的唯一一封张元济先生的英文信件。此后，张人凤老师一有机会便上网浏览，但苦于对网络技术的陌生，始终未能如愿。遗憾的是至《张元济全集》十卷本出齐，也未能看到这封信。

一直到2013年，张人凤老师查到兰州大学敦煌学研究所王冀青教授的《斯坦因与陈贻范交游考》，但网上看不到全文，又不懂如何从一些数据库中获得，也一直没找到文章所在的刊物——《南京师大学报》（社会科学版）2007年第4期。2014年，张人凤老师在和笔者通信中聊起此事，而我正好在图书馆工作，所以很快就从数字图书馆中找到了王冀青教授《斯坦因与陈贻范交游考》的全文发给他。文中的几个信息使张人凤老师非常感兴趣：一是张元济先生的这封英文信原件藏于匈牙利科学院图书馆斯坦因档案中；二是文中虽然没有收入英文信原件照片，但有王教授的译文，了解了信件的内容；三是王教授处有英文信的照片，而照片又是荣新江教授赠送给他的。

有了这些信息，接下去的工作笔者就主动承揽了下来。作为张元济图书馆的馆员，收集张元济先生的史料也是义不容辞的职责。从匈牙利科学院图书馆获取显然不如从网上查找荣教授和王教授的联系方式。后来终于从兰州大学《敦煌学辑刊》编辑部要到了王教授的电子邮箱以及从网上找到了荣教授的电子邮箱。作为小地方的晚辈、末学之人，给大学的教授、博导写信，还是感到冒昧、忐忑。原本抱一试心情，没想到荣教授很快就回了信："宋先生：附件是匈牙利科学院图书馆藏张元济先生英文信札，请查收。祝好。荣新江。"实让晚辈诚惶诚恐，感叹荣教授热情、无私、乐于助人的高贵品质。

四、信件考证

得到此信件图片后，笔者第一时间发给了张人凤老师，张人凤老师又发给了姐姐张珑。作为张元济先生的孙子孙女，和祖父一起生活了数十年，亲历了无数和祖父在一起的点点滴滴，对张元济先生的熟悉程度是旁人无法比拟的。张人凤老师从20世纪80年代末起，就从事张元济先生的生平与事业研究，成果丰硕，尤以《张元济全集》《张元济年谱长编》等为代表。张珑老师早年毕业于上海圣约翰大学英文系，曾在北大任教，做过翻译，后在建设部中国建筑设计研究院主编英文杂志《中国建筑》，有《水流云在——张元济孙女的自述》《风清月明：张元济孙女的回忆点滴》等回忆录出版，此英文信就是由张珑老师录入和翻译。凭着对张元济先生的熟知和扎实的英文功底，两位张老师经过考证后一致认为，这封英文信件并非张元济先生亲笔撰写，而是请人代拟的。

张元济先生早年任职总理各国事务衙门章京时，就积极提倡改革，启迪民智，创办通艺学堂，传授新学，并身体力行，学习英文。有关他的英文水平有以下几处描述：

> 1896年4月至5月，"弟近读公羊，兼习公法。才智太短，进不能寸。惟志在必成，断不中止。英文已习数月，仅识数千字，而尚难贯通。前月业已从师，拟即日迁寓馆中矣"（致汪康年书，《张元济年谱长编》第40页）。

1897年年初，"弟习英文尚无所得，第亦不觉其难"（致汪康年书，《张元济年谱长编》第42页）。

"在20世纪初，国内恐怕还没有把世界各国的名称全部翻译成中文，世界地图恐怕也都是从国外来的。所以讲到某些国外地名时，祖父往往都用英文。很清楚地记得有一次在饭桌上，祖父和父亲谈话时说'Lebanon'，我听不懂。后来才明白原来Lebanon就是黎巴嫩！祥保姊姊在一篇回忆祖父的短文中有如下的一段话：‘家里的书，除了线装书、中文书以外，也还有外文书。我上了中学后，在一个柜子里发现各种学科的英文书，政、经、法、文、史、哲、天文、地理各类都有，如赫胥黎和莎士比亚的作品。在有些书中叔祖还加上了蝇头小字的眉批。’”（《风清月明：张元济孙女的回忆点滴》第 42 页）

可以想象，从 1896 年年初学英文到二十世纪三四十年代，张元济先生的英文水平已达到精通的程度。1910 年出访欧美时，已习十多年，应该也能运用流利。但是，先生从小接受中国传统教育，一生用毛笔写字，甚至练就了用秃笔写蝇头小楷的本事。英文书写不可能用毛笔，而在两位张老师的记忆里，找不出祖父曾用硬笔书写英文的片段。因此，张元济先生的英文书写水平不可能达到如信件中行云流水般西化的程度。

据《张元济年谱长编》1910 年 3 月 17 日记载：“起程，赴欧、美考察教育、出版、印刷事业。柯师太福偕行。”（第 283 页）柯师太福，爱尔兰人，1900 年来华，任海关医官，与张元济先生相交甚深。但至爱尔兰之后，柯师医生就与张元济先生作别回家，之后的行程并没有柯师医生的陪伴，所以这封英文信件也不可能是柯师太福执笔。

另据张珑老师分析，这封英文信件是按照一般公文格式书写，行文流畅，但用词并不十分讲究。好像是随手写下的一封信或一个便条。这可能是因为张元济行程时间紧迫，急于要安排和斯坦因见面所致。从整封信的行文看，书写者的英文是不错的。但从“just”这个字的用法看，可能是出于匆忙而漏写，后来才补上的，有点缺憾。从书写的流畅程度看，书写者应该是一个常用英文书写的人。但大概是个中国人，而非母语国家的人。因为“just”如确系漏写，后来补上的，那么以英语为母语者出于对语言的直觉也不会把它补在句末那个地方。从表达方式看，除了那一处瑕疵之外，应该是完全符合英语习惯的。而且书法流畅，不常用英文书写的人是达不到这个水平的。

按照这些现象分析，这封以张元济先生名字署名的信是请别人代写的。代写者很可能就是中国驻外使馆里的或是陈贻范手下的工作人员。

（文中张元济首通英文函由其孙女张珑录入和翻译，特此鸣谢。）

（作者为浙江省海盐县张元济图书馆副馆长）

（原载《世纪》2017 年第 5 期）

张元济《环游谈荟》研究①

叶 新

1910 年 3 月 17 日（农历庚戌年二月初七日），张元济先生从上海起程，一路游历欧美，且走且停，考察西方各国教育、印刷、出版事业，于 1911 年 1 月 18 日（农历十二月十八日）回到上海，环球一周，时间长达 10 个月之久。岳麓书社新出的《道西斋日记 · 环游谈荟》中的“环游谈荟”部分恰恰是张元济对这次环球之旅的记述，不过从目前刊布的篇幅看，笔者认为其中存在着明显的缺漏，试图以现有之文献来弥补之。

一、岳麓书社版《环游谈荟》的缺陷

2016 年 9 月，岳麓书社推出了“走向世界丛书”续编 65 种。笔者欣见其中有一册为《道西斋日记 · 环游谈荟》（刘柯等校点），收入张元济撰写的《环游谈荟》等。本书只有 120 余页，《环游谈荟》部分约占其中的三分之一。除了将发表在《东方杂志》上的《环游谈荟》作为正文之外，它还有三个附录。“附录一”是《环球归来之一夕谈》；“附录二”是《张菊生之教育谈》；“附录三”是张元济在旅途中致沈曾桐的一封信。

翻阅完该书之后，笔者不免大失所望。本人早在 2002 年曾发表过一小文《商务印书馆与英国朗文早有来往》（刊于《出版史料》2002 年第三辑），资料来源是《张元济书札》（商务印书馆 1997 年 1 月出版）中收录的张元济致当时商

① 此文发表于中国人民大学历史学院、北京大学二十世纪中国文化研究中心、中国近现代新闻出版博物馆、商务印书馆于 2017 年 8 月 13 ~ 15 日召开的“商务印书馆与中国现代文化的兴起”国际学术研讨会。编者 2017 年 6 月将此文投稿给该研讨会会务处后，即编辑、整理了《环游谈荟》一书，于同年 7 月交北京艺术与科学电子出版社印行。

务印书馆董事长夏瑞芳、总经理高凤池的一封信。不仅这封信未收入，《张元济书札》中的其他相关信件也并未收入，这固然是一种缺憾。而如果翻阅《张元济诗文》，甚至是2009年出版的《张元济全集》、2011年出版的《张元济年谱长编》，这种缺憾就更加明显了。

二、对《环游谈荟》已收部分的分析

1. 正文：《环游谈荟》

《环游谈荟》是张元济先生对其1910年(农历)环球之旅的记述，发表在《东方杂志》1911年第八卷第一号［3月25日（二月二十五日）刊行］、第二号［4月23日（三月二十五日）刊行］之上，但只是记录了1910年3月17日他从上海出发，同年5月4日（三月廿五日）到英国伦敦的整个行程。从一路上看，就停靠或者上岸过的地方而言，在中国境内，他经过了厦门、广州、香港。接下来是境外的新加坡（新嘉坡）、马来亚（柔佛、司威南、槟榔屿）、科伦坡（可伦坡）、苏伊士运河（苏彝士运河）、塞得港（波特塞得）各处，然后经过地中海，绕过直布罗陀（支布洛达），先到鹿特丹（安蒙士达丹），而后到了最终目的地伦敦。

从“环游谈荟”的名称来看，它就是张元济对这次环球之旅的系列记述，但刊登两期即止，殊为可惜。《环游谈荟》正文之前有张元济的一段话：

> 去年，余有环游地球之行，所至之国凡十数，往还仅十有半月。时日短促，而语言又不甚足用，闻见所及，至为肤末。舟车罕暇，纪录尤略。归国后，友人索观游记，愧无以应。乃取途中所杂录者，稍稍整理之。追忆所得，辄为搜补。随笔掇拾，漫无体例，亦聊以为知彼之助而已。至凡属于教育之事，则别为一编，兹不及焉。

从这段话我们可以看出，因为语言不甚通，又加上舟车劳顿，辗转各地，张元济的记述既不丰富，更不完整。而他的友人又想要看游记，他也就在原先杂录的基础上加事后的追忆，勉强成文。从已发表的部分来看，由于舟中无事，内容还是比较丰富的。而这仅仅是对到达西方世界的第一站——英国的路途上的记述，张元济一路上考察的除了英国之外，还有欧洲各国、美国、日本，这些还没有展开论述呢！

而从“至凡属于教育之事，则别为一编，兹不及焉”这一句来看，“教育之事”

不在“环游谈荟”包含的内容范围之内，另外还有专文阐述。1910年2月，《教育杂志》第1期刊登特别广告，称“上年张菊生先生环游世界，近甫归国。前蒙先生将有关教育之各种图片送交本社，并允将此次调查各国教育情形随时笔述，以饷吾国之教育界。本社自当陆续登载，以副爱读诸君先睹为快之意”。而《东方杂志》1911年8卷第1期到第4期均刊登了一则“第三期教育杂志”广告，提到“今年本杂志之特色”有四，其中第三条是“张菊生参议环游世界，客腊返国，允将关于教育之心得及各种图片交本社刊行，颇多吾人所未闻见者”。显然，这原本是一个庞大的写作和发表计划。而从第4期的“第三期教育杂志”广告中出现的“今年第五期之目次”来看，未提到有关要目，如果要发表，只能等到第6期或者以后分期刊登了。可是计划总是赶不上变化，“吾国之教育界”没有等来《教育杂志》的相关文章。

除此之外，我们也相当期待他对西方出版印刷业的考察和接洽记录。而教育和印刷出版都与早期商务印书馆的经营密切有关。我们可以想见，张元济此次考察的时间颇久，内容项目也多，经过的国家不少，如果条件允许，能够提供给我们的记述应该是相当丰富的。

《环游谈荟》写于1911年的正月（1911年1月30日为辛亥年大年初一），也就是1911年的2月。但是之后就断了，原因为何？《道西斋日记·环游谈荟》的校注者只是说“并未连载完，不知何故中止了”。因为我们不知道他是写完了未刊登，还是根本就没写。按理说，后者的可能性比较大。因为如果写好了，甚至交到杂志社了，就没有不刊登的理由。

那么为什么没有继续写下去呢？也许《张元济年谱长编》能给我们做些解答。张元济1911年1月18日在上海下船，在八天之后的1月26日（十二月廿六日）就出席了商务印书馆第44次董事会议。在接下来的2月4日（第45次）、2月14日（第46次）、3月2日（第47次）、4月4日（第49次）、4月18日（第50次）又参加了五次董事会议。2月23日上午，张元济到编译所会议室议事。因为所中新定了章程，其中下属的总编译部13人每月初十、廿五开会两次，决定编译事件。当天为第一次会议。4月22日，商务印书馆召开了股东常会，选举高凤谦、鲍咸昌、高凤池、印锡璋、张元济、夏瑞芳、郑孝胥为新一届董事，张桂华、张廷桂为查账员。

从这次股东常会的记录来看，商务印书馆高速发展的势头确实得到了某种遏制。1910年（庚戌年）总计销货173.21万元，比上年只增长了2%，而且没有开设任何分馆。重要的是1910年夏天上海爆发的“橡皮股票事件”给它带来的恶劣影响。郑孝胥在其1910年7月22日（六月十六日）的日记中写道：“午后，商务印书馆开特别会议，夏瑞芳经手，被钱庄倒去十四万。”在这次橡皮股票风潮中，正元、谦余、兆康三家钱庄倒闭，商务印书馆受夏瑞芳之累被倒银64750两。原因是商务印书馆的董事会制度刚刚初创，而主席张元济又在海外游历，夏瑞芳不按法律规章办事，投机失败，致使商务印书馆也卷入其中，损失大笔资金。在7月25日给张元济的信中，高凤池说夏瑞芳不听张元济、自己和账房的劝阻，“凡遇此种有关系事，既不照章报告董事会，亦不询商他人，一己独断独行，以致酿成此局”。高凤池希望张元济速速回国，收拾局面，因为由此导致的困难会接踵而至，“1.瑞翁与公司之交涉；2.股东与公司之交涉；3.一二年来分馆时有用空、卷逃、溺职等情”。但是在欧洲的张元济并没有中断既定的旅程，他在给郑孝胥、印有模、高凤池等的信中说“梦翁传述翰兄谕令弟速归，极为［应］遵办，但有为难之处”。但由于现存的资料太少，我们无从考证这“为难之处”是什么。

由于夏瑞芳长期不能从“橡皮股票事件”的影响中恢复过来，无心商务印书馆的经营，张元济回国后的馆务就更加繁重了。这从他给一些朋友的回信中也可见一斑。比如他在3月3日致盛宣怀的信中说：“元济岁晚回沪，积冗滋多，辄无善状可述。”在3月23日致汪康年的信中说：“归国已两月，俗事纷集，竟无寸晷之暇，未尝以一纸通讯，乃仲兄传语，先承慰问，感悚无极。”旧事积欠，俗务缠身，张元济又本是个事必躬亲的人，《环游谈荟》的写作这等小事情只能越来越往后排了，越来越没有着手的可能了。

而1911年的大环境是辛亥革命的兴起，清朝灭亡，民国新创。忙于救火馆务的张元济没想到的是，同为馆中高层的陆费逵准确预测到革命的胜利，正谋求编辑共和国教科书，成立中华书局呢。更大的危机在等待着商务印书馆和张元济。

因此，对这次环球之旅的总结和吸收、撰写和发表，对张元济而言只是小事而已，而随着时间的过去，旅途经历的场景日益模糊，内容的时效性也越来越差，腰斩的可能性就更大了。

2.“附录一”：《环球归来之一夕谈》

《环球归来之一夕谈》分别刊发于《少年杂志》1911年第二册（三月初一发行）、第三册（四月初一发行）。但这并不是张元济本人的撰述，而是记者对其演讲的记录。回国才三天，张元济的朋友虞含章、杜亚泉等发起晚餐会，在一品香公宴张元济，请其演说环游地球一周的情景。他演讲了三小时，听众有编译所的同人和外来者四十余人。

《环球归来之一夕谈》有一段编者按，其中说道：“记者亦预会，听其演说，颇有感触，归来用笔记之，以供未游者之一读。”《少年杂志》本创刊不久，记者也是馆中同人。他并不是边听演讲边记录，而是回家之后加以笔记的。如果张元济只是随口道来，而记者能根据事后记忆写出七八千字，记忆力和笔头功夫实在了得。按柳和城先生在《孙毓修评传》中的说法，此“记者”即该杂志主编孙毓修，真有心人也！

该文自称“我”，用的是张元济本人的口气，总计24节。开头是“游历总纲”，概述环球一周的行程。接下来的“我国出洋的苦工”“新嘉坡的华侨”“华侨的赌兴”“槟榔屿”“可伦坡的茶叶”“苏彝士运河”“波特塞得”7节与《环游谈荟》的记述多有重复。由于《环游谈荟》的被腰斩，《环球归来之一夕谈》其后的15节就显得弥足珍贵了。

该文的最后的一段话是：“今晚所说的甚为粗略，不足供诸君一听。过了几时，我还要详详细细将我游历时的见闻和各国初级教育、贫民教育的办法写出来，请教请教。”其中的“游历时的见闻”即随后起了个头的《环游谈荟》，而“各国初级教育、贫民教育的办法”则连头也未开了。从“详详细细”这个说法而言，该文前8节的内容约为3000字，与之匹配的《环游谈荟》约为8000字，估计后者被应写未写的部分也在1.5万字以上了，如果加上相关图片，篇幅就更多了。

3.“附录二”：《张菊生之教育谈》

《张菊生之教育谈》是张元济1911年6月29日（六月初四日）应寰球中国学生会发表的演讲。《道西斋日记·环游谈荟》记载的出处是1911年7月2日和4日的上海《神州日报》，笔者能查到的出处是重庆的《广益丛报》1911年第272期，显然该文是多处发表。两文在正文之前各有一段说明文字。前者说的是：

> 鄙人去年由海道至英、德、法、比、意各国，复返至英，为时甚促。本非专往调查学务，且中等教育以上程度甚高，亦非浅识所能考见，惟留意于小学教育一方面。承贵会不遗浅陋，敢述所见，以质高明。

这是常见的演讲开场白，由张元济口述。因为寰球中国学生会致力于中学教育，而他考察的是小学教育，主题不太吻合，故有如此谦语。而后者说的是：

> 寰球中国学生会初四晚上之演说。方届八时，张菊生惠然莅止，先由名誉会长伍秩庸布告开会大旨。张君登台，谓鄙人去年由海道至英、德、法、比、意各国，复返至英，为时甚促。本非专往调查学务，且中等教育以上程度甚高，亦非浅识所能考见，惟留意于小学教育一方面。承贵会不遗浅陋，敢述所见，以质高明云云。乃演说两时之久。座客咸鼓掌

而散。兹录其演说大旨如下。

本段包含了上段的全部内容，并提到演讲由寰球中国学生会名誉会长伍廷芳（字秩庸）主持，开始时间是晚上 8 点，演讲了 2 个小时的时间，受到听众的热烈欢迎。

从这两份报纸刊发的正文来看，内容一模一样，应该是张元济事先撰写了演讲稿的缘故。从演讲稿的篇幅来看，2 个小时能讲的内容应该超过了它。该文内容与《环球归来之一夕谈》也有相似之处，相似度最大的一处如下：

余在意大利国往观一盲学校，有学生闻余在旁参观，乃手写一纸以畀余，略谓：世界受苦之人，盲聋为甚，亦惟盲聋人能知盲聋人苦状。今蒙张君惠观本校，因念张君之祖国中亦不少哑聋之同类，但愿张君返国后设法启迪盲学，亦吾侪同类之幸福也，云云。余本不解意大利文字，因有友人以英语转详［译］示余。盲生之见解如此，实令人嘉尚无已。

而《环球归来之一夕谈》有一段题为“罗马的盲女学堂”的内容，说的是：

我在罗马，去看一个盲女学堂。女学生排班来迎，并献祝词。末后几句道：“愿先生回国之后，竭力开设此种学堂，以教贵国之盲女。果如此，则不但贵国之苦同胞受益，并我辈也感祷不尽。”我听了很觉难受。

两段内容略有出入，但大致内容相同。最后值得一提的是，《张菊生之教育谈》的部分内容还分别刊登于《女学生》杂志的 1911 年第 38 期、1912 年第 3 期，名为“张菊生先生小学教育记”，内容一模一样，不知为何。

4.“附录三”：《致沈曾桐的信》

《道西斋日记·环游谈荟》前面的叙论中只提到两个附录。其中一处说：“留下来的足迹便是这里收录的《环游谈荟》和编者辑录的两个附录。”最后还说：“《环球归来一夕谈》……《张菊生之教育谈》……两篇均系记者记录的讲演稿。”漏说的是“附录三”，也就是《致沈曾桐的信》。

该信 1910 年 6 月 24 日（五月十八日）由张元济从英国伦敦寄给广州的沈曾桐。因为他 3 月 21 日（二月十一日）曾在广州上岸见过沈曾桐，当时沈为广东提学使。信中说：“春间道经羊城，获聆教诲，欣幸无似。别后海程一月有半，始达英伦。”

按 5 月 4 日（三月二十五日）往前推一个半月，可大抵知道两人的见面日期。信中除了谈了从印度洋经过苏伊士运河、地中海、比斯开湾到伦敦的旅程外，还涉及了一些别的内容。比如《环游谈荟》提到从塞得港起航之后的行程：

> 舟既启碇，出运河口，沿堤岸行。堤长三四里，突入地中海中。堤尽处有赖赛朴斯铜像，临流峙立，过其下者辄瞻望不置。盖运河之成，功在万世。赖氏艰难缔造，固宜受众人之崇拜也。

其中提到了塞得港北侧苏伊士运河与海湾交汇处的防波堤上所立的苏伊士运河开凿者斐迪南·雷赛布的铜像，当时还在，台基高约五米。下一段就马上提到了“既抵英伦，舟徐徐行泰姆斯河（即泰晤士河）中”。而在《致沈曾桐的信》中，张元济则不仅提到地中海和大西洋之行，还提到了荷兰之行，然后才是目的地伦敦。而后又简短提到了英王（即爱德华七世，1901—1910年在位）之丧、爱尔兰之行、英国教育、比利时和瑞士之行。

以上四篇著述，如果从写作时间顺序来看，排列如下：①《致沈曾桐的信》；②《环球归来之一夕谈》；③《环游谈荟》；④《张菊生之教育谈》。

三、对《环游谈荟》应收未收部分的分析

（一）收录的原则

笔者认为，如果把《环游谈荟》作为对张元济这次环球之旅的记述的总标题或者单行本的书名，其收录的原则应该如下。

（1）能收入则尽量收入，不仅是张元济本人在旅途中的著述，还包括出发前的准备、归国后的反馈，尽量把点滴的著述做成一个相对完整的拼图。

（2）所收信件不仅包括张元济给他人的去信，还包括与之相关的他人的回信，这样可以看出信中内容的来龙去脉。

（3）不仅要收入跟这次环游有关的信件，也要收进他在旅途中发出的与馆务有关的信件，尤其是许多信件本身就两者兼而有之，反映出身在国外的他对国内馆务的关心。

（4）应该收入西方国家报纸对张元济这次环球之旅的报道。

（5）张元济的家人特别是儿子张树年的相关回忆史料也要收进来。虽然张元济出国时，张树年才不到三岁。但是张元济带回了一些相关物品，而且有时也会和他谈及相关内容。

（二）对《环游谈荟》应收未收部分的分析

就《道西斋日记·环游谈荟》的“环游谈荟”部分而言，应收而未收的部分不少，以下按时间顺序排列（如果有多封信，按第一封信的发出日期排列）说明之。

1.往来信件部分

（1）致孙壮书（2封）

孙壮（1879—1943），字伯恒，当时为商务印书馆的北京京华印书局（北京分馆）经理。张元济给孙壮的信为两封，第一封发于1910年2月15日，是从上海到北京。此前，张元济在2月10日给孙壮的信中提到这次环球之游，说定于农历二月初六日起程。1910年2月3日（己酉年十二月廿四日），他在给缪荃孙的信中提道：“贱躯迩日稍觉强健，明春将有环球之行，约以半年为限。”所谓“明春”即农历1910年春天，环球之行的时限暂定为半年。写信日期离出发日期刚好一个半月。这是目前所见提到这次环球之游的最早文献。

张元济在这封信中提到要孙壮为这次环游向外务部、学部呈文。因为1903年他进入商务印书馆编译所之后，还曾经被保举为学部左参议，调任外务部员外郎兼储才馆总办，虽然实际上并未进京履职，但是也没有明确表示辞职。而作为政府官员出访，也有其便利所在，可以得到清政府驻当地公使或者领事的接待。比如，他去纽约先驱报社参观访问，用的身份就是“学部官员”，而陪同他访问的是清政府驻纽约的领事和副领事。另外，他还向孙壮提到他西行之后由高梦旦负责编译所的各种公务，让孙壮有事跟后者接洽。

他1911年2月6日给孙壮写了一封信，属于回国之后对旅途中的一些事情的交代，在此不作赘述。

（2）致蔡元培书（2封）

张元济致蔡元培（1868—1940）的信共有两封，一封为发于1910年2月24日的上海，另一封为同年5月9日发于英国的伦敦，目的地都是德国的柏林。蔡元培从1907年5月到1911年11月在德国留学。第一封信提到他大概四五月间（农历）可以到柏林，期盼到时见面畅聊。第二封信提到他的欧洲大陆之游，不仅仅包括蔡元培所在的德国，还有瑞士、意大利、奥地利、匈牙利等，当然还有其他事情。

（3）致孙毓修书（3封，另附孙毓修致张元济1封）。

张元济致孙毓修的信共有三封，均从国外发往上海。孙毓修（1871—1923），字星如，张元济在信中尊称其为“星翁”。1908年后，在张元济的指导下，孙毓修兼管编译所图书室涵芬楼，从事古籍采购、善本审考和编目整理工作。这三封信都与此有关。

第一封信发于1910年4月17日（三月初八日），估计发自埃及的塞得港。该信的开头提道：“顷忆得数事有关于图书馆者，胪举如左，伏祈察核为幸。”谈的都是关于图书室和收购古籍的事情。

第二封信同年6月22日（五月十六日）发自英国的伦敦。该信谈的主要是古籍整理出版和收购之事。

第三封信同年10月14日（九月十二日）发自意大利的罗马。在该信中，张元济表扬了孙毓修在图书馆管理工作方面的努力，并提到陶葆霖、高梦旦要孙毓修去从事编译工作，请他不要误会。

孙毓修同年5月24日（四月十六日）从上海发往伦敦的信，与张元济4月17日、6月22日发给孙毓修的信均有关联，有助于说明这两封信的内容。

（4）致陶葆霖、高凤谦书（3封）

张元济致陶葆霖、高凤谦两人的信总计有三封。陶葆霖，字惺存，张元济在信中尊称其为“惺翁”。高凤谦（1869—1936），字梦旦，张元济在信中尊称其为“梦翁”。时任编译所国文部部长，张元济出国期间指定他代为管理编译所。

第一封信1910年5月5日（三月廿六日）发自英国伦敦，用的是他下榻的西区中央旅社的用笺，信的上半部不全。

第二封信同年5月10日（四月初二日）同样发自伦敦。该信提到十一件事情，既有馆事，也有在英国参观之事。

第三封信同年8月27日（七月廿三日）发自德国的柏林。该信主要谈到对“橡皮股票事件”发生后馆内旷班人多的担忧，还有就是孙毓修的图书室管理工作的为难之处，再则就是对他寄回的东西的说明，最后是他在离开德国柏林之后的行程以及参观柏林各种学堂的情景。

值得一提的是，张元济对给商务印书馆高层的信和对方给他的信均有编号。在1910年5月10日发出的第二封信中，张元济提到“三月廿六日发第九号信想收到矣”，应该是指他5月5日（三月廿六日）发出的信，为第九号信，但是信的最后并没有标明，不知何故。接下来他又提道：“一、第一号即香港所发明信片，信片、封函号数连接，可以免致错误也。”这就是给信件编号的好处。但从目前《张元济全集》收入的有关信件的情形来看，这些编号信件遗失太多，已知信件的信息也不全。下表是张元济寄给商务印书馆高层的信件的具体情况（信息不全）：

编号	公历	农历	收信人	实际姓名及字号	发出地
第一号				陶葆霖（惺存） 高凤谦（梦旦）	香港
第九号	5 月 5 日	三月廿六日	惺翁 梦翁	陶葆霖（惺存） 高凤谦（梦旦）	伦敦
第十号	5 月 10 日	四月初二日	惺翁 梦翁	陶葆霖（惺存） 高凤谦（梦旦）	伦敦
第十一号	5 月 25 日	四月十七日	粹方	夏瑞芳（粹方）	爱尔兰
第十二号	5 月 20 日	四月十二日	梦翁	高凤谦（梦旦）	爱尔兰
第十三号	5 月 26 日	四月十八日	梦翁	高凤谦（梦旦）	爱尔兰
第十五号				夏瑞芳（粹方） 高凤池（翰卿）	
第十七号			粹方 翰卿	夏瑞芳（粹方） 高凤池（翰卿）	
第十九号			粹方 翰卿	夏瑞芳（粹方） 高凤池（翰卿）	
第廿一号	8 月 21 日	七月十七日	粹方 翰卿	夏瑞芳（粹方） 高凤池（翰卿）	柏林
第廿四号	8 月 27 日	七月廿三日	惺翁 梦翁	陶葆霖（惺存） 高凤谦（梦旦）	柏林

以上收信者夏瑞芳、高凤池、陶葆霖、高凤谦等均位居商务印书馆的管理层，信件均有编号，但张元济给孙毓修的信及孙的回信就没有编号，这证明孙毓修当时在馆中的地位较低。商务高层寄给张元济的信件，他也一一编号，下表是其具体情况（信息不全）：

编号	公历	农历	寄信人	实际姓名
第二号	5 月 6 日之前		惺翁	陶葆霖（惺存）
第四号	5 月 6 日之前		惺翁	陶葆霖（惺存）
第七号	5 月 6 日	三月廿七日	梦翁	高凤谦（梦旦）
第十三号			粹方 翰卿	夏瑞芳（粹方） 高凤池（翰卿）
第十六号			惺翁	陶葆霖（惺存）
第廿四号	7 月 29 日	六月廿三日	惺翁	陶葆霖（惺存）

（5）致高凤谦书（2封）

张元济单独给高凤谦写的信有两封。第一封信于1910年5月26日发自爱尔兰。在信中，张元济总计提到十二件事，除了八件馆事之外，还提到一件私事，还有两件与环游有关。信息量大的是第十二件事，也是关系到商务印书馆的一件大事。张元济知道夏瑞芳陷进了“橡皮股票买卖”，还没有造成严重的后果，但他好像有某种不好的预感。他在5月25日专门发给夏瑞芳的第十一号信中督促后者尽早结束股票交易，坐西伯利亚铁路来柏林与他会合，并提到三大好处，让高梦旦劝夏瑞芳下决心出国。但从后来的情形看，夏瑞芳没有及时收手，酿成大祸。

第二封信没有署名，也没有寄信日期，估计寄于1910年的6月。该信主要是调解高梦旦与陶葆霖之间的矛盾。

（6）致夏瑞芳、高凤池书（1封，附高凤池致张元济书2封）

此信的后面部分缺失，因此既不知道编号，也不知发信日期。但张元济给两者的第廿一号信的发出日期是1910年8月21日（七月十七日），而他给陶葆霖、高凤谦的第廿四号信的发出日期是同年8月27日（七月廿三日）。该信要么是第廿二号信，要么是第廿三号信，发出日期在8月的21日和27日之间。《张元济年谱长编》提到该信的发出日期是8月21日，不知依据何在。本信与出版、印刷的关系最大。我们能见到的是七件事，与出版印刷的关系最大，也涉及教育之事。

《张元济年谱长编》提到高凤池致张元济的两封信，分别发于7月25日（六月十九日）、8月20日（七月十六日），现藏于上海出版博物馆，暂未见其全文。从《张元济年谱长编》的摘录来看，前者主要是向张元济通报“橡皮股票事件”，并督促他回国，也许就是上述信中提到的高凤池致张元济的第十三号信，因为其中有“谨悉一切”，也许“一切”指的就是“橡皮股票事件”。后者提到馆中的困难情形，虽然他接到张元济“未便速回”的三封电报，但仍督促张元济早日回国。

（7）致郑孝胥、印有模、高凤池书（1封）

郑孝胥、印有模均为商务印书馆的董事。郑孝胥字苏庵；印有模字锡璋，曾任商务印书馆总经理。这封信由英国伦敦发往上海。《张元济书札》的编者认定此信“从内容上看，当在1910年4月18日致高凤谦信之前”，《张元济全集》也持此认定不变。但从信的内容来看，不确。该信主要谈及商务印书馆和夏瑞芳受“橡皮股票事件”的牵连损失惨重，以及张元济对此提出的应对措施。而如前所述，“橡皮股票事件”发生在1910年7月，因此张元济写此信必然是这个日期以后发生的事情。

（8）致梁诚书（1 封）

梁诚（1864—1917），字义衷，号震东，时任清政府驻德公使。此信写于 1910 年 8 月 25 日（七月廿一日），系张元济访问德国离开柏林前夕所书。在信中，他说对梁诚同意代译代发感谢信表示感谢，并附上致信者（也就是他所参观的德国教育机构接待者）清单以及大致的措辞，转请公使馆书记代为缮写洋文信件。除此之外，他还请梁公使代发给国内商部、外务部的致谢信，因为他出国临行之前并未去这两部接洽。

（9）致梁启超书（1 封）

此信写于 1911 年 1 月 28 日（十二月廿八日），发往日本的神户，也就是张元济回国 10 天以后的事情。约在 1 月中旬，他和梁启超在神户见面。该信主要谈的是梁启超著《国民常识》的出版事宜，并提及商务印书馆要创办月刊《法政杂志》，希望梁启超赐稿，以及他和高梦旦在从日本归国途中编《升官图》之事。

（10）致汪康年书（1 封）

汪康年（1860—1911），字穰卿。著名报人，时任《刍言报》主编。此信写于 1911 年 3 月 23 日（辛亥二月廿三日），发往何地不详。信中提到自己非常爱读汪康年主编的《刍言报》，并提到搜集古书之事，以及在法国和伯希和接触的情况。信的最后提道："《民立报》载弟演说词，错太多。现陆续将所记录写出，刊入《东方》及《教育》两杂志中，当邮呈诲正。"《民立报》刊登的演说词应该是《环球归来之一夕谈》的又一个版本。而《东方杂志》刊登的就是《环游谈荟》了，《教育杂志》的刊发则无从谈起。

2. 张元济在旅途中的撰述或者演讲

（1）《调查英国教育之提纲》

此提纲拟于 1910 年 5 月，主要针对的是小学教育，兼及特殊教育，最后两个问题才略微涉及中学教育和高等教育。

（2）《绝诗》

此诗作于 1910 年 7 月。诗前有小序为："宣统庚戌六月至比利时，游马士河，书此志慨，兼示子琦。""子琦"即王廷璋（1884—1944），1911 年商科进士，长期在外交界任职。他当时在比利时圣黎业斯大学（即圣路易斯大学）就读，应邀陪同张元济在比利时游玩。张树年在《张元济往事》中对此的解释是"父亲每游一处，由于语言不通，时时邀请一位留学生陪往当翻译"。

（3）《中国出洋赛会预备办法议》

此文发表于《东方杂志》1910 年第 9 期。张元济参加了当年在比利时首都布鲁塞尔举行的世界博览会，即文中所说的"比京之会"。他谈了对此的观感，以及对中国以后参加类似展会的建议。

（4）《十月二十四日在纽约中国留学生会馆演说大意》

这是张元济 1910 年 11 月 25 日（十月廿四日）在纽约中国留学生会馆发表的演讲词，由他人记录，张元济亲笔改定。商务印书馆 1986 年版《张元济诗文》改为《在纽约中国留学生会馆演说》，并注撰写日期为“1910 年 8 月”，《张元济日记》编者根据文题纠正。

3. 国外相关新闻报道

（1）《纽约先驱报》报道

1910 年 11 月 25 日（十月廿四日），张元济以学部官员的身份访问了纽约先驱报社，该报给予了两篇报道。其中一篇是《中国官员莅美考察我国教育制度》（Chinese Official Here to Study America’s Educational System），另一篇是《中国官员宣称“〈先驱报〉是最大的报纸”》（“*The Herald* Is Greatest Paper” Declares Chinese Commissioner），均刊于第二天的《纽约先驱报》，可见当时美国大报对张元济访美的重视。可惜的是，原文比较模糊，无法以此校对译文。

（2）纽约《中西日报》报道

1910 年 12 月 3 日（十一月初二日），纽约《中西日报》刊出《张参议之行踪》，藏上海出版博物馆。“张参议”即张元济，因为他曾被保举为学部左参议。

4. 张元济家人的回忆

“张元济家人”主要指张元济先生的儿子张树年。他出生于 1907 年，张元济出国那年他虚岁才 3 岁，对这次环球之旅不可能有什么太确切的回忆。但是随着他后来的长大和懂事，张元济也会和他说起当时出国的事情，而且家里也有一些出国带回来的物件，能引起他的回忆。比如，新出的《张元济往事》（张树年著，东方出版社 2015 年出版，原名《我的父亲张元济》，2006 年由百花文艺出版社出版），在其“第三章　长吉里”中就有一小节名为“家里来了‘外国人’”，说明张树年还记得父亲回国的情景，父亲由西装换回长袍，他才认出来。而他后来才知道是柯师太福医生教张元济去哪做西装的，他的辫子又是如何处置的。而“第四章　极司非而路新居”还提到了父亲到比利时游历时照的照片和所写的绝诗，以及父亲买回来的小摆设。“第五章　生活琐记”则提到父亲经常和张树年说起当时英王出殡的情景。这些都能佐证或者补充相关的出国游历史料。

值得一提的是，柯师太福医生原名 Dr. Stafford M. Cox（斯塔福德 · M. 考克斯），“柯师太福”是对其姓名的中文简译。据张树年的回忆：“柯师医生爱尔兰人，光绪二十六年来华，任海关医官，医术高明，与父亲相交甚深。”并在《张元济往事》提到了他。柯师太福医生（？—1925）本为爱尔兰人，英国名医。他拥有内科学博士学位，1900 年来华行医，曾任上海海关医官、中国红十字会总医院总医生兼学堂教习，参加过武昌起义战地救护工作。他长期在上海行医，其私人诊所就开在北四川路 39 号，也是张元济家、严复家十分信任的私人医生。1910 年 3 月 17 日张元济在上海起程，陪同他的就是柯师太福医生。后者应该是为了回爱尔兰探亲，他俩到了英国伦敦以后就分手了。

还有就是张元济的外语能力能否堪环游之用的问题。在张元济孙女张珑的《张元济学英语》（《文汇报》2016 年 11 月 21 日）中提到祖父最早学英语大概是 1896 年的事情。该年 6 月 8 日，张元济在致好友、维新派人士汪康年的信中有这样的话："英文已习数月，仅识数千字，而尚难贯通。"年近三十才开始学英语，难度不小，决心可嘉。张珑综合各种史料做出判断说："祖父用英语应对一般性的交流是没有问题的。这一点在张元济去欧美各国考察的情况中也得到印证——他于 1910 年起程赴欧美考察教育、出版、印刷事业，为时近一年。从几处记录看，在考察过程中与外国人的一般性交流都是自己独立应对。当然，由于这次考察，除英美两国外，还包括德、法、意、瑞士等许多国家，各国语言不同，翻译是必不可少的。尤其在出席正式的场合，或谈比较重要的问题时，更需要翻译。"比如，上文提到留学生王子琦就是他在比利时当地请的翻译兼导游了。

（三）《环游谈荟》不全的原因探讨

《道西斋日记·环游谈荟》中的"环游谈荟"部分为何收入不全，笔者的推测是：此书编于 20 世纪 80 年代初，不早于 1986 年，许多未收入的相关史料是后来发表的。《张元济书札》出版于 1981 年，当时只有 1 册，1997 年的增订本才扩充到上、中、下 3 册。该书只收入了《致沈曾桐的信》，上述提到应收而未收的各信均不见于其中。《张元济诗文》出版于 1986 年，除了《环游谈荟》外，还有他 1910 年在比利时游玩时作的绝诗，以及《在纽约中国留学生会馆演说》《中国出洋赛会预备办法议》两文，但均未收入该书，因此笔者作出《道西斋日记·环游谈荟》的编辑日期不早于 1986 年的判断。

笔者的初衷本为撰写张元济 1910 年环球之旅的考察内容，但在搜集资料的过程中发现《道西斋日记·环游谈荟》收入内容不全，故先搜集资料，并提到其已收、未收部分的基本情况，并分析其未收相关文章的原因，由此成文。

远游欧美，心系馆务

——从1910年张元济环游之旅中的一封信谈起

叶　新

一、日程概述

张元济于1910年3月17日从上海起程，5月4日到达英国，后在欧洲大陆游历，10月30日回到英国；11月9日从英国出发，前往美国；后又从美国经日本回国，于1911年1月18日回到上海（详细行程参见表1）。

表1　张元济欧美环游之旅行程

公历日期	农历日期	地点
1910年3月17日	二月初七日	上海（起程）
1910年3月23日	二月十三日	香港
1910年3月28日	二月十八日	新加坡
1910年4月20日	三月十一日	塞得港
1910年5月2日	三月廿三日	荷兰
1910年5月4日	三月廿五日	英国
1910年5月21日	四月十三日	爱尔兰
1910年6月上旬		英国
1910年7月上旬		比利时
1910年7月23日	六月十七日	荷兰
1910年7月30日	六月廿四日	德国
1910年9月6日	八月初三日	捷克

续表

公历日期	农历日期	地点
1910年9月7日	八月初四日	奥地利
1910年9月14日	八月十一日	匈牙利
1910年9月18日	八月十五日	奥地利
1910年9月24日	八月廿一日	瑞士
1910年10月3日	九月初一日	意大利
1910年10月18日	九月十六日	法国
1910年10月30日	九月廿八日	英国
1910年11月9日	十月初八日	英国（起程）
1910年11月中旬		美国
1910年12月下旬		美国（起程）
1911年1月中旬		日本
1911年1月18日	十二月十八日	上海

二、往来通信

值得一提的是，张元济对寄给商务印书馆高层的信和对方寄给他的信均有编号。在1910年5月10日发出的第十号信中，张元济提到“三月廿六日发第九号信想收到矣”，应该是指他5月5日（也就是他到英国的第二天）从英国伦敦发出的信，为第九号信，但是信的最后并没有标明，不知何故。接下来他又提道：“一、第一号即香港所发明信片，信片、封函号数连接，可以免致错误也。”这就是给信件编号的好处，第一号信是从香港发出。但从目前《张元济全集》收入的有关信件的情形来看，这些编号信件遗失太多，已知信件的信息也不全。张元济寄给商务印书馆高层部分信件的编号、写信日期、收信人、发出地等具体信息参见表2。

表 2　张元济致商务印书馆高层部分信件的信息

编号	公历日期	农历日期	收信人姓名及字号	发出地
第一号			陶葆霖（惺存） 高凤谦（梦旦）	香港
第九号	1910 年 5 月 5 日	三月廿六日	陶葆霖（惺存） 高凤谦（梦旦）	伦敦
第十号	1910 年 5 月 10 日	四月初二日	夏瑞芳（粹方） 高凤池（翰卿）	伦敦
第十一号	1910 年 5 月 25 日	四月十七日	夏瑞芳（粹方）	爱尔兰
第十二号	1910 年 5 月 20 日	四月十二日	高凤谦（梦旦）	爱尔兰
第十三号	1910 年 5 月 26 日	四月十八日	高凤谦（梦旦）	爱尔兰
第十五号			夏瑞芳（粹方） 高凤池（翰卿）	
第十七号			夏瑞芳（粹方） 高凤池（翰卿）	
第十九号			夏瑞芳（粹方） 高凤池（翰卿）	
第廿一号	1910 年 8 月 21 日	七月十七日	夏瑞芳（粹方） 高凤池（翰卿）	柏林
第廿四号	1910 年 8 月 27 日	七月廿三日	陶葆霖（惺存） 高凤谦（梦旦）	柏林

其中，1910 年 5 月 20 日撰写的信晚于 1910 年 5 月 25 日撰写的信发出，估计是在英格兰赴爱尔兰的途中所写，或者在英格兰所写，但是在爱尔兰发信，故编号为“第十二号信”。

张元济在海外经常与孙毓修通信，但给孙毓修的信及孙的回信就没有编号，这证明孙毓修当时在馆中的地位较低。

商务印书馆高层寄给张元济的信件，他也一一编号。商务印书馆高层寄给张元济部分信件的编号、写信日期、寄信人姓名等具体情况参见表 3。

表 3　商务印书馆高层致张元济部分信件的信息

编号	公历	农历	寄信人姓名及字号
第二号	1910 年 5 月 6 日之前		陶葆霖（惺存）
第四号	1910 年 5 月 6 日之前		陶葆霖（惺存）
第七号	1910 年 5 月 6 日	三月廿七日	高凤谦（梦旦）
第十三号			夏瑞芳（粹方） 高凤池（翰卿）
第十六号			陶葆霖（惺存）
	1910 年 7 月 25 日	六月十九日	高凤池（翰卿）
	1910 年 7 月 26 日	六月廿日	高凤谦（梦旦） 陶葆霖（惺存）
第廿四号	1910 年 7 月 29 日	六月廿三日	陶葆霖（惺存）
	1910 年 7 月 29 日	六月廿三日	高凤池（翰卿）
	1910 年 8 月 20 日	七月十六日	高凤池（翰卿）

商务印书馆高层寄给张元济的信，能见书信全文的并不多，只有高凤池于 1910 年 7 月 25 日、7 月 29 日和 8 月 20 日给张元济的三封信。张元济是否及时收到了这三封信，不得而知。因为 1910 年 7 月 23 日张元济到了荷兰，然后又去了比利时，7 月 30 日到达德国。在德国期间，张元济去了柏林、莱比锡等地，直到 9 月 6 日离开德国前往瑞士。即使张元济收到了这些信件，估计也是从英国转寄过去的。张元济知道“橡皮股票事件”，还是高梦旦来信告知的。

三、1910 年 8 月张元济致夏瑞芳、高凤池信的考证与解读

1910 年 8 月，正值上海“橡皮股票事件”波及商务印书馆之时，具体日期不详。张元济寄给夏瑞芳和高凤池的这封信，收录于《张元济全集（第三卷）：书信》34 ～ 35 页，书中给该信冠以标题《致夏瑞芳　高凤池》。信的开头提到“本月十七日寄上第廿一号信”，联系到后面“七月初六日来电”，本月应指“七月”。“本月十七日”即“1910 年 8 月 21 日”。既然“七月”是本月，该信投寄于 8 月 21 日至 9 月 3 日之间，9 月 6 日张元济就离开德国去了捷克。由于该信缺页，没有信件尾部及落款，无法判断准确写信时间和编号。《致夏

瑞芳　高凤池》文后提道："原信缺页，据内容及信纸与1910年8月27日致陶葆霖、高凤谦信相同，推断此信约在1910年8月间发自德国。""1910年8月27日致陶葆霖、高凤谦信"即第廿四号信，信中提到第二天即从柏林去莱比锡。笔者初步判断，本信为第廿二号信或者第廿三号信，写作时间在1910年8月21日至27日之间。

这封信的影印件印在《张元济全集（第一卷）：书信》一书的前插页，笔者据此对该信进行了仔细的校对，并在此基础上做考证和解读。

1. 与各出版社接洽业务

《致夏瑞芳　高凤池》信中提到包括朗文出版社（即信中的"朗曼书店"）、钱伯斯出版社（即信中的"谦伯尔"）、经恩出版社（即信中的"Ginn书店"，或者"金恩出版社"）、托马斯•纳尔逊出版社（即信中的"奈尔逊"）四家出版社。

（1）朗文出版社和经恩出版社

从信中提到的"来英之后特与各家商量"，我们可以发现，张元济到了英国之后，积极与各个出版社联系，开展业务，其中最主要的就是他与朗文出版社的实质性接洽。从信中"朗曼合同弟一时不欲交还，如彼此意见不能终合，俟弟归后，当面再行讨论可也"可以看出，张元济与朗文出版社已经签订原版书寄售合同，但还需要他回国确认，因为夏瑞芳、高凤池并不认同外国书籍在中国的寄售，而只愿翻印西书。翻印、编译西书也是当时上海各出版社的一种常规做法。因此，张元济和夏瑞芳之间存在着寄售西书还是翻印西书之争。

张元济认同寄售，理由是"弟意翻印之事究系冒险，一恐搁置成本，二恐租界西官偏袒洋商，华官不能保护"。意思是翻印是冒险之事，原因之一是要首先投资，印刷成册，通过销售回笼资金；原因之二是如果朗文出版社因为商务印书馆翻印其出版的书籍，而将商务印书馆告到上海租界会审公廨，可能商务印书馆会吃亏。而寄售只是商务印书馆按一定折扣从国外出版社进口书籍，销售不完还可以退货。

信中，张元济还提到了经恩出版社，说"美国Ginn书店来信谈及本馆翻印伊书之事"。张元济在给夏瑞芳和高凤池的第十七号信中曾提道"尚请抄示英美商约关于版权条文（要西文）"，但没有回音。

"英美商约关于版权条文"指的是《中美续议通商行船条约》第十一款："无论何国若以所给本国人民版权之利益一律施诸美国人民者，美国政府亦允将美国版权之利益给与该国之人民。"

"美国Ginn书店"即设在美国纽约的经恩出版社。1909年，商务印书馆除了大量翻印、编译国外图书之外，拟开始经营西书寄售业务，首先与经恩出版社联系。1910年年初，经恩出版社的董事费英寿从美国纽约致函商务印书馆，对商务印书馆“代鄙公司经理中国营业”表示感谢，但要求“必须贵馆能专代本公司经理，而不兼他公司事件”。此时，商务印书馆正准备翻印其出版的《欧洲通史》。费英寿认为此举虽然没有违反“万国版权公例”（即《伯尔尼公约》），但是商务印书馆应该首先取得其许可，并付给一定的报酬，才算合理。当时，商务印书馆并未理会，次年即引起经恩出版社向上海租界会审公廨控告商务印书馆翻印《欧洲通史》侵权之事。商务印书馆援引《中美续议通商行船条约》第十一款，据理力驳，致经恩出版社败诉。

（2）钱伯斯出版社和托马斯•纳尔逊出版社

钱伯斯出版社（W. & R. Chambers Publishers）位于英国爱丁堡，创办于1819年，主要出版参考书。该社以出版《钱伯斯词典》（*Chambers Dictionary*）著称，《廿世纪读本》（*Twentieth Century Readers*）也是其著名出版物。张元济在信中提到的“谦伯尔”就是钱伯斯出版社。

> “寄来谦伯尔书籍销数清单，谓该店出版《廿世纪读本》。如该公司能照此折扣可再贱，则请酌量多定若干云云。信中又无一语及此，似写信之人与开清单之人，全不接洽。且弟亦岂能凭空代定书籍？将来到伦敦代问则可。尚祈见谅。”

信中，张元济对收到的来信表示不悦，随信寄来了钱伯斯出版社寄售的“书籍销数清单”，说如果钱伯斯出版社能够再降低发行折扣，商务印书馆可以酌量增加订数。但在信中，夏瑞芳或高凤池又不提及此事。笔者猜测，这似乎与夏瑞芳赞同翻印、反对寄售的态度有关。

英国的托马斯·纳尔逊出版社（Thomas Nelson Publishers）创办于1798年，其美国分部现发展成为美国著名大众出版社、世界第一的宗教出版社。张元济在信中提到的“奈尔逊”就是托马斯·纳尔逊出版社。

> “奈尔逊书欲托我处代彼翻译印刷，发行伊书，弟亦附陈私见，何以亦不见答？”

其中的“翻译印刷，发行伊书”，有点费解，不知道是要求商务印书馆代替他翻译、印刷，还是发行其原版书。

2. 张元济与夏瑞芳、高凤池之间的分歧

如果说从张元济致夏瑞芳、高凤池信中的以上内容，我们可以感觉到张元济的不悦，那么信中出现的以下语句，则明显表示出张元济对夏瑞芳、高凤池的敷衍塞责态度非常生气。

弟捧读之下，殊为失望。
来示既称收到，何以不答一字？
既不畅销，何必翻印？
何以二公及印刷所诸君总不决定？
何以亦不见答？（接连出现两句）
何以来信绝不陈述？
诸公竟置诸不理，殊为失望。
真令人闷煞！

当时这封信的句与句之间只有简单的句读，句中问号、感叹号等都是后来编者加上的，不过张元济的愤懑之情可见一斑。

高凤池在1910年7月25日、7月29日和8月20日写给张元济的三封信中，要求张元济考虑当时商务印书馆的困境，立即回国。

1910年7月25日信中写道："请菊翁速回……弟深知阁下远涉重洋，行装甫停，适值调查一切，为公司远大计，一旦半途折回，殊为可惜。然事出仓率，定邀洞鉴。"

1910年7月29日信中写道："默计困难问题日至，仍请早日回华为幸。由陆路或水路回，一二日前发一电为荷。"

1910年8月20日信中写道："近日连接未便速回三电，已洽同人，所以屡请回华……"

高凤池认为"橡皮股票事件"不仅仅是夏瑞芳个人的事，对商务印书馆也会造成影响。比如，商务印书馆办的钱庄被取钱、分馆经理卷款跑路等，更重要的是怕商务印书馆的日本籍董事山本条太郎、原亮三郎以此为借口干涉商务印书馆的内部事务。因此，连续三封信要求张元济立刻回国。高凤池在8月20日中的信中写道：

"际此极困难时，适阁下远离，诚公司之大不幸也。弟本庸才，断难维此危局，日夜恐惧。盼望台驾早回，以慰众望。"

但是，张元济并未听从此言，其原因简而言之，是因为他考虑到这属于夏瑞芳的个人损失，并不会对商务印书馆的主营业务有实质性的影响。高凤池这么说是夸大其词，不愿意承担应有的责任。张元济在1910年5月26日致高梦旦的第十三号信中写道：

昨日寄粹翁十一号信，请其于股票交易结帐后即由西伯利亚铁路来游欧美。弟拟在柏林候之。此事有数利：一、欧美印刷新机极多。弟在此已费考求，得粹翁来此便可定购。二、与欧美各书店直接联络。三、需用各种原料可以廉便之法选购。弟与粹翁同在此间，可以商定以上各事。若彼此独行，个人之阅历增而公司之裨益少，且粹翁股票贸易既了，即行远离，于伊私事亦有便利。总发行所有翰翁主持，亦可放心。弟等十月或十一月总可归来，于年关仍可帮忙。请公力劝并于定局后电示行期，以便弟可预备。

从信中我们可以看到，张元济于 1910 年 5 月 25 日曾给夏瑞芳寄了一封信（第十一号信），请他尽早结束其个人的股票交易（即橡皮股票），尽早来德国柏林与他会合。他希望夏瑞芳能够专心从事商务印书馆的业务经营，不再涉足股票投机，于公于私均为有利。但是从后来的情形看，夏瑞芳并未听从张元济的建议，结果导致夏瑞芳个人受到很大损失，还连累了商务印书馆，于公于私均为不利。

通过以上对 1910 年 8 月张元济致夏瑞芳、高凤池信的考证和解读，我们可以看出，张元济与夏瑞芳在商务印书馆的业务经营上存在分歧，夏瑞芳无心经营商务印书馆业务的敷衍态度令张元济感到无可奈何，又非常生气，他在信中曾感叹“早知如此，何必当初”。“橡皮股票事件”后，夏瑞芳从此一蹶不振，直至 1914 年被刺身亡。

张元济西行

刘诗平

1910年，罗振玉计划刊印伯希和所得敦煌遗书，伯希和称须照印费3000多元。罗振玉经端方介绍后，托商务印书馆董事会主席张元济在商务印书馆影印。张元济从此开始了他关注敦煌遗书出版事业的历程。

1910年的秋天，张元济到达巴黎，成为第一位浏览了伯希和大量藏品的中国人。

1910年2月15日张元济给商务印书馆北京印书局经理孙壮写信，想乘去欧洲的机会直接去见伯希和，商量出版敦煌文献，要求北京方面写个介绍信。

这一年的春天，张元济从上海起程赴欧洲及美、日等11国游历和考察教育事业，与伯希和商谈出版敦煌文献是他的既定任务。10月18日，张由意大利抵达巴黎。但是，从北京带来的介绍信没有任何意义，因为存放敦煌文献房间的钥匙在伯希和的腰里拴着，几乎没有向别人打开过，别说外国人，就是法国人自己也很少有人见过这批东西。

伯希和的这个行为招来了不小的麻烦。

伯希和回到巴黎时，曾受到了热烈的欢迎——在巴黎大学的演讲，4000多名听众连大厅过道也挤得水泄不通。然而，在学界还有另一种情形。才30来岁的伯希和，不仅暴得大名，而且自高自大，目中无人。伯希和带回的敦煌文物中，除了绘画、塑像等艺术品在罗浮宫以伯希和为名的大厅中展出外，其余大量最珍贵的文书则一直锁在巴黎国立图书馆东方部的一个黑暗的房间里，钥匙由伯希和自己拿着。已经过了整整一年的时间，伯希和连一份文书目录也没有编制，更不用说做什么单调乏味的分类和刊布工作了。他在《远东学院学报》上发表的文章中曾说：在斯坦因拿走了几千件敦煌遗书后，他又进入洞内，一天阅读几千份敦煌卷子，后来挑选出精华部分带回巴黎。但现在他又不让任何学者们观看，甚至连捆敦煌遗书箱子的绳索都没有解开。

这不由得别人不恼火，尤其是图书馆东方部的管理员。东方部一位资深的管理人员公开发表文章，不仅怀疑伯希和没有整理能力，甚至连敦煌文书是真是假也提出了怀疑。他公开声明：鉴于伯希和带回的敦煌遗书连看都不让看，并且很有可能是赝品，因此他们放弃负保管的责任。

一位法国汉学家在1910年12月的一篇长文中写道：斯坦因既已进去，这许多手稿又从何而来？一天读上千份写卷，也就是说一分钟要阅读两份写卷，这有可能吗？如果不是假的，为何又长期不许人们观看？

伯希和正在受到攻击，根本没有心情去管张元济的事。

张元济没有办法，只好找到中国驻法公使馆。经过官方交涉，张元济最后获得特别参观许可。这是一个由重重大门和铁锁保护着的密室，光线暗淡，根本不是用来阅读的。伯希和亲自打开密室，寸步不离地在旁边监督，还不停地催促张元济，说他自己还有许多急事要办。张元济无奈，只好匆匆浏览一下就出来了。

一个多月后，清朝大理院刑庭推事金绍城，在美国召开的万国监狱改良会议结束后顺路到欧洲各国考察，在巴黎时也曾写信给伯希和，商请往看敦煌秘籍。伯希和把信丢在一边，理也没理。他受到的待遇看来还不如张元济。

张元济就出版巴黎藏敦煌遗书一事与伯希和进行了商谈。在商谈中，不仅商妥将中国传统典籍中有关四部书的敦煌写卷刊行，还听伯希和介绍了斯坦因所获敦煌遗书的一些情况。随后，张元济会见了正在整理斯坦因藏品的沙畹，并就有关问题进行了讨论。下一步就是去伦敦与斯坦因商谈了。

10月30日，张元济从巴黎到达伦敦。斯坦因的第二次探险所获文物，除了一小部分在大英博物馆展厅展出外，都被放进了博物馆的地下室里。此次展览获得了极大成功，斯坦因得意非常。很多名人前来参观，很多有钱人对他的藏品有兴趣。伯希和也从巴黎来到伦敦参观展览。斯坦因于是邀请伯希和参加整理工作，虽然斯坦因觉得伯希和自恃是中国学专家，有点太自高自大，但让他感到欣慰的是，伯希和保证负责编个总目录，而且要价不高。一个以沙畹为首的18位专家的整理班子开始对斯坦因带回的敦煌卷子进行工作。

张元济在伦敦的10天中，仔细参观了大英博物馆，并见到了斯坦因窃去的敦煌秘籍，他在《给汪康年的信》中写道：“其珍密一如法人，四部不如伯君多，而佛经及其他古物则远过之。”由于沙畹的介绍，张元济还与斯坦因见过面。经协商，也答应四部书可以影印。然而这只不过是斯坦因的口头应付而已。因为一年后，斯坦因便又去了印度，做着下一步的探险计划，张元济影印四部书的愿望成为泡影。

事实上，张元济的这次西行，没有完成任何一项出版敦煌文献的计划。但商务印书馆关注敦煌事业却有了一个良好的开端。

（原载《敦煌百年：一个民族的心灵历程》）

环游记事

1910年

3月17日（二月初七日）　起程，赴欧、美考察教育、出版、印刷事业。柯师太福医生偕行。

约3月19日（二月初九日）　过厦门，见大批去南洋苦工登舟。

约3月21日（二月十一日）　过广州，登岸谒见广东提学使沈曾桐。

约3月23日（二月十三日）　过香港，寄发致陶葆霖、高凤谦明信片（第一号来信）。

3月28日（二月十八日）　到新加坡，晤宋森。渡海峡抵柔佛国境。

3月29日（二月十九日）　游柔佛苏丹王宫。

4月3日（二月廿四日）　抵槟榔屿，晤康有为。康陪同先生游览槟榔屿植物园。

4月8日（二月廿九日）　抵锡兰首都科伦坡，登岸参观克拉尼亚大佛寺。

4月17日（三月初八日）　于阿拉伯海舟次致孙毓修书，言图书馆数事。

4月18日（三月初九日）　抵亚丁，入红海。见达达赖斯灯塔建于海中。

4月20日（三月十一日）　经苏伊士运河，抵埃及塞得港。参观回教礼拜堂，至英国邮局寄信。

约4月22日（三月十三日）　离开塞得港，出运河口，见苏伊士运河开凿者赖赛朴斯铜像台基遗址。

是月下旬　过直布罗陀海峡，出大西洋，经比斯开海湾。

5月2日（三月廿三日）　抵荷兰鹿特丹港。到海牙游一座旧王宫和在建中的和平宫。

5月4日（三月二十五日）　抵英国伦敦，寓西区中央旅馆（West Central Hotel）。

5月5日（三月廿六日）　中国驻英使馆交来蔡元培5月2日致先生书。致陶葆霖、高凤谦书（第九号来信）。

5 月 6 日（三月廿七日）　游英国王宫。见众人在宫门外问询国王爱德华七世病情。当天国王病逝。收到高凤谦书（第七号去信）。

5 月 9 日（四月初一日）　致蔡元培书，谈及即将游览德国、瑞士、意大利、奥大利、匈牙利各地之事。参观伦敦当地幼儿园。

5 月 10 日（四月初二日）　致陶葆霖、高凤谦书（第十号来信），交代馆事十一项。

5 月 14 日（四月初六日）　参观英国印刷展览会。

5 月 16 日（四月初八日）　参观伦敦动物园和蜡像馆。

5 月 20 日（四月十二日）　在街边观看爱德华七世丧仪。各国元首如德王威廉、铁血首相俾斯麦、沙皇尼古拉二世、美国总统都来送丧。寄高凤谦书（第十二号来信）。

约 5 月 21 日（四月十三日）　前往爱尔兰。

5 月 25 日（四月十七日）　致夏瑞芳书（第十一号来信），请其于股票交易结账后即由西伯利亚铁路来游欧美，先生拟在柏林候之。

5 月 26 日（四月十八日）　致高凤谦书（第十三号来信），交代馆事十一项，并请高力劝夏瑞芳来欧考察。

5 月 27 日（四月十九日）　赴贝尔法斯特参观船厂及实业学堂。

5 月 30 日（四月二十二日）　往爱尔兰首府都柏林。参观某大学。

是月　于伦敦书《调查英国教育之提纲》。

6 月上旬　返回伦敦。

6 月 22 日（五月十六日）　致孙毓修书，提及馆事十项。

6 月 24 日（五月十八日）　致沈曾桐书，叙述所经各处之见闻并英国的义务教育。

是月　在伦敦晤吴稚晖。

7 月 5 日（五月廿九日）　寄商务印书馆印刷机器样张及估价清单。

7 月上旬　由多佛尔渡英吉利海峡，至比利时港口累斯坦德，旋往布鲁塞尔。

7 月 13 日（六月初七日）　抵比利时南部城市那慕尔。

7 月 14 日（六月初八日）　回布鲁塞尔，游累士河大山洞。

7 月 16 日（六月初十日）　参观伊普尔慈善学堂。

7 月 23 日（六月十七日）　赴荷兰，其后至什文宁根、海牙、赞丹、鹿特丹、阿姆斯特丹等地。

7 月下旬在荷兰晤陆徵祥。

7 月 25 日（六月十九日）　收到高凤池书，告知“橡皮股票事件”，敦促先生早日回国，维持危局。

7月26日（六月廿日）　收到高凤谦书。

7月29日（六月廿三日）　收到高凤池书，再次敦促先生早日回国。收到陶葆霖书（第廿四号去信）。

7月30日（六月廿四日）　由荷兰抵德国柏林。

是月　先生在比利时期间，曾数次参观布鲁塞尔世界博览会。游历伊普尔、那慕尔、列日、安特卫普等地。致高凤谦书，劝解其与陶葆霖之间矛盾。

是月　与比利时圣路易斯大学留学生王廷璋同游比利时马士河，赋七绝一首，并合影。

8月12日（七月初八日）　参观德国柏林殖民馆。

8月19日（七月十五日）　由柏林教育部门安排，参观盲童学校，德政府学部参事官 Heuschen 陪同。

8月20日（七月十六日）　参观柏林幼稚园、初级小学、二级小学三处。同日　高凤池三致先生书，称“近日连接‘未便速回’三电”，又罗列目下至要四问题，再次敦促先生回国。

8月21日（七月十七日）　游柏林植物园。致夏瑞芳、高凤池书（第廿一号来信）。

8月22日（七月十八日）　参观顽钝辅助学堂、聋哑学堂。Heuschen 和聋哑学堂监督 G.Wende 陪同，并赠书。

8月23日（七月十九日）　参观柏林感化院，受到该院监督 Seiffert 及会办 Grath 接待。

8月25日（七月廿一日）　致清政府驻德公使梁诚书，请使馆人员代写致德国政府有关部门及所参观教育机构谢信。

8月27日（七月廿三日）　致陶葆霖、高凤谦书（第廿四号来信），言馆事五项，并日后行程等。

8月28日（七月廿四日）　自柏林抵莱比锡。

8月29日（七月廿五日）　参观莱比锡印刷品陈列所。

是月（七月）　致郑孝胥、印有模、高凤池书，言馆事对策三项。

是月下旬　致夏瑞芳、高凤池书，言及与伦敦各出版社接洽等事，对二人办事敷衍表示不满。

是月　先生于参观柏林各学校后，对德国教育印象颇深。

9月1日（七月廿八日）　参观莱比锡博物院，购《路德在人家鼓琴而歌之图》照片，在其背面题辞。

9月4日（八月初一日）　到德累斯顿，寓大联邦旅馆。

9月6日（八月初三日） 经德奥交界处之巴丁伯克，抵捷克首都布拉格，寓布拉格王宫旅馆。

9月7日（八月初四日） 由布拉格抵奥地利首都维也纳。

9月12日（八月初九日） 参观维也纳国民小学。游奥王离宫。

9月13日（八月初十日） 乘电车游维也纳全市。旋离维也纳，乘舟顺多瑙河而下，赴匈牙利。

9月14日（八月十一日） 抵匈牙利首都布达佩斯。

9月17日（八月十四日） 参观布达佩斯补习学校。

9月18日（八月十五日） 游布达佩斯天主教堂。当晚，乘火车返维也纳，转赴慕尼黑。

9月19日（八月十六日） 乘火车经过德国萨尔茨堡。

9月23日（八月廿日） 自慕尼黑抵因斯布鲁克，参观教堂、博物院及因斯布鲁克大学。

9月24日（八月廿一日） 赴瑞士。

9月26日（八月廿三日） 参观苏黎世美术院。

9月28日（八月廿五日） 抵卢塞恩。

9月29日（八月廿六日） 游瑞吉（Rigi）山。

10月1日（八月廿八日） 偕蔡元培、夏元瑮登皮拉图斯（Pilatus）山顶。夏瑞芳致先生书，就紧要各件略复。

10月3日（九月初一日） 自卢塞恩抵意大利米兰。

10月4日（九月初二日） 抵威尼斯。

10月5日（九月初三日） 抵佛罗伦萨。

10月7日（九月初五日） 抵罗马。

10月11日（九月初九日） 参观罗马盲女学堂。曾赴梵蒂冈，参观教皇宫，在教廷图书馆摄影《永历太妃肃罗马教皇笺》《王太妃至耶苏会总统书》《永历太监庞天寿奉罗马教皇书》。

10月14日（九月十二日） 致孙毓修书，建议其从事编译工作，交出图书馆管理事。

10月16日（九月十四日） 抵热那亚，在火车上遥望比萨斜塔。

10月17日（九月十五日） 在热那亚参观哥伦布故居。

10月18日（九月十六日） 抵巴黎，寓卢浮旅馆。

10月22日（九月廿日） 参观巴黎中学、圣鲁意中学，参观巴黎雕刻博物馆。

10月26日（九月廿四日） 参观法国国家图书馆，在伯希和陪同下，匆匆观看该馆所藏敦煌文献，并得知斯坦因先于伯希和到敦煌，攫取大批文献，藏大英博物馆。

先生在法期间，拜访法国著名汉学家沙畹。

10月27日（九月廿五日）　《东方杂志》第七卷第九号刊登先生《中国出洋赛会预备办法议》一文。

10月29日（九月廿七日）　致伯希和书。

10月30日（九月廿八日）　离开巴黎，经加莱渡海返回伦敦。

11月4日（十月初三日）　致斯坦因书并附中国驻英使馆二等参赞陈贻范10月30日至斯坦因介绍信，要求参观大英博物馆藏敦煌文献。随后其要求得以实现。

11月4日、7日（十月初三日、初六日）　《申报》分两次刊载先生《中国出洋赛会预备办法议》。

11月5日（十月初四日）　在伦敦参观维多利亚与阿尔伯特博物馆。

11月8日（十月初七日）　与考察英国狱政的大理院刑科推事金绍城、陈贻范等约饮于伦敦的探花楼。

11月9日（十月初八日）　自英国南安普敦港登轮赴美国。

约11月16日（十月十五日）　抵美国纽约港，受到中国驻纽约总领事杨毓莹、副领事陆国祺和数名华商之欢迎。

11月22日（十月廿一日）　在陆国祺副领事陪同下，拜访纽约市市长威廉·杰伊·盖诺。在怀亚特法官指引下，参观纽约少年法庭和少年感化所。

11月25日（十月廿四日）　在杨毓莹总领事、陆国祺副领事陪同下，到访《纽约先驱报》大楼，并参观报纸编排全过程。先生称赞《纽约先驱报》为非常出色之机关。晚上，应邀在纽约中国留学生会馆演讲，陈述外国传教士在中国传教之弊端，倡议中国留学生回国投身传教事业。

11月26日（十月廿五日）　从纽约前往华盛顿考察。

11月29日（十月廿八日）　在斯图尔特督学和中国驻美使馆二等秘书钟文邦陪同下，参观华盛顿的斯特朗·约翰·汤普森学校幼儿园和富兰克林学校。

11月底12月初　前往芝加哥等地参观。

12月6日（十一月初五日）　坐火车离开芝加哥，前往旧金山。

12月9日（十一月初八日）　到旧金山，受到中国驻旧金山总领事黎荣耀和中华会馆绅董的欢迎。晚上，黎总领事在领事馆宴请先生。宴会后，先生到中华会馆观看中华学堂、华商学堂的学生演操，并发表演讲。

12月10日（十一月初九日）　到萨克拉门托的学校发表演讲，下午回旧金山。晚上，中华会馆宴请先生。

12月11日（十一月初十日）　晚上，旧金山的中国民主宪政会宴请先生。

12月13日（十一月十二日）　坐“满洲船”从旧金山登轮。

先生在美期间，与旅美华人、飞行家冯如会晤，希望其回国服务，冯如欣然应允。

约12月下旬　至日本横滨，旋抵东京。与先期赴日考察的高凤谦晤面。

1911年

1月中旬　抵日本神户，晤梁启超。

先生在日期间，晤中国驻日公使汪大燮。

1月18日（十二月十八日）　回到上海。

先生与高凤谦归国途中，编有《选举图》，筹借新年游戏之趣，为补助教育之用。

后　记

这本小书是编者围绕张元济先生1910—1911年（农历庚戌年）环球之行搜集相关文献而成，以张元济在《东方杂志》发表的《环游谈荟》和《少年》杂志发表的《环球归来之一夕谈》为主，其他文字包括诗文演讲、往来书信、新闻报道、家人回忆、相关研究等。

张元济（1867—1959），字筱斋，号菊生。浙江海盐人。1892年中进士，曾任刑部贵州司主事、总理各国事务衙门章京，维新失败后被免职。1899年任南洋公学译书院主事，曾任代总理。1903年年初应总经理夏瑞芳之邀，正式加入商务印书馆，先后任编译所所长、董事、经理、监理、董事长等职，是早期商务印书馆的灵魂人物。1948年，他因为在古籍整理方面的卓越成就当选首届中央研究院院士。新中国成立以后任上海文史馆馆长等职。

从本书收入的这些文献来看，如果说郭嵩焘是近代"睁眼看世界的第一人"，张元济可称为"近代出版界睁眼看世界的第一人"。张元济这次环球之旅长达10个月，重点考察了西方各国的教育、出版、印刷事业。1910年3月17日（农历庚戌年二月初七日），张元济从上海出发，从海路到达英国，然后游历欧洲各国，11月中旬到美国，最后经日本回国，上岸日期是1911年1月18日（十二月十八日）。实际上，张元济早在1906年就有出国的动念，1908年7至10月去日本短期游历，然后才有了1910年这次更加长期、深入的环球之行。

张元济这次出国带有双重身份，一方面是商务印书馆的高层，能够和当地出版社接触，顺畅地沟通业务；一方面是清政府学部（曾任参事厅行走）、外务部（曾任员外郎、储才馆提调）的官员（《中西日报》即称他在美国考察所持的身份是"外务部参议兼学部丞参行走"），可以名正言顺地和中国驻外公使馆和领事馆、当地教育部门联系，方便参观当地教育机构。从这本书收集的文献来看，他的收获很大，可惜留下的著述并不多。他本来回国后拟订了在游程、教育方面庞大的写作计划，但是非常遗憾的是，因为种种原因并未完全如愿。

本书所收文献分为七部分：首先是“本人追述”，包括《环游谈荟》《环球归来之一夕谈》《张元济氏壮游谈》《张菊生之教育谈》四文。张元济先生对这次环球考察的内容，本来有庞大的写作计划，但是《环游谈荟》在《东方杂志》的刊登刚起了个头就戛然而止，甚为可惜。“诗文演讲”部分包括张元济环游期间在当地发表的演讲、在国内报刊上发表的文章等。“往来书信”部分不仅包括他环游期间给商务印书馆同人、朋友等写的信件，还有环游之前后的相关信件，以及与这些信件有关的他人信件。在这部分内容中，他不仅会谈起环游和走访的行程、目的和感受，而且也会涉及商务印书馆的馆务。“新闻报道”部分主要涉及当时报刊特别是美国报纸对这次环游之行的报道。“家人回忆”部分主要是张元济先生哲嗣张树年先生、孙女张珑女士的有关回忆。“相关研究”部分主要是与这次环游有关的研究成果。最后是“环游记事”，由《张元济年谱长编》精简、补充而来，便于读者查询行程。

本书初版于 2017 年 7 月在北京艺术与科学电子出版社推出，相关编辑、整理工作得到了张元济先生的哲孙张人凤先生的大力支持，他提供了部分收藏的信件，并授权使用《张元济往事》《张元济年谱长编》的部分内容，还慨然同意为本书校正和写序，为本书增色不少。张元济先生的孙女张珑女士授权使用《风清月明：张元济孙女的回忆点滴》的部分内容。此外，还要感谢浙江省海盐县张元济图书馆提供了一些有关藏品的复印件。

复旦大学历史系博士生导师邹振环教授，张元济研究专家柳和城先生，张元济图书馆的宋兵副馆长，编者的同班同学刘诗平同意授权把他们的研究成果收入本书，在此一并致谢。邹振环教授对我的相关文献整理和研究工作既有肯定也有鞭策，成为我继续出版此次修订版的动力之一。

本书推出初版后，编者不仅找出一些书中的讹误，还发现了一些遗漏的文献。特别是近一年来，编者在学生刘紫云（现在爱尔兰的都柏林圣三一学院留学）的帮助下，搜集到不少珍贵文献尤其是美国报纸的 37 篇有关报道等，因此有了修订此书的动念。西苑出版社的赵晖社长欣然同意出版此次修订版，辛小雪编辑在本书的编辑、校对等方面给予不少专业性的帮助，在此一并致谢。

20 世纪初期的诗文、书信、报道等一般只有句读，尚未采用现行的标点符号。为使读者阅读方便计，本书由编者加上现代通行的标点符号，文献中少数明显的错字，用“［　］”在其中加以改正。页下的注解大多为编者所加，主要是地名今译、来往人物简历、机构介绍等，不当之处请有心人加以指正。如以后还能发现其他相关文献，再做进一步的修订再版。

最后要说的是，今年恰好是张元济先生逝世 60 周年，这本小书的推出也是对他的一种纪念。

叶　新

2019 年 7 月 14 日于鸣秋轩

参考文献

张树年．张元济年谱［M］．北京：商务印书馆，1991.

刘诗平，孟宪实．敦煌百年：一个民族的心灵历程［M］．广州：广东教育出版社，2000.

张元济．张元济全集［M］．北京：商务印书馆，2007—2010.

张人凤，柳和城．张元济年谱长编［M］．上海：上海交通大学出版社，2011.

张珑．风清月明：张元济孙女的回忆点滴［M］．北京：中国华侨出版社，2013.

张树年．张元济往事［M］．北京：东方出版社，2015.

祖艳馥，［西］达西娅·维埃荷-罗斯．史与物：中国学者与法国汉学家论学书札辑注［M］．北京：商务印书馆，2015.

海盐县文化局．文心事象：张元济后人捐赠文物图录［M］．杭州：西泠印社出版社，2017.

张元济等．环游谈荟［M］．叶新，编．北京：北京艺术与科学电子出版社，2017.

石板画——罗马斗兽场

瓷质花卉画（张珑提供）

木制立体几何模型

瓷质小鸟画（张珑提供）